Gerechter Frieden

Reihe herausgegeben von

Ines-Jacqueline Werkner, Forschungsstätte der Evangelischen
Studiengemeinschaft e.V., Heidelberg, Deutschland

Sarah Jäger, Theologische Fakultät, Friedrich-Schiller-Universität
Jena, Jena, Deutschland

„Si vis pacem para pacem" (Wenn du den Frieden willst, bereite den Frieden vor.) – unter dieser Maxime steht das Leitbild des gerechten Friedens, das in Deutschland, aber auch in großen Teilen der ökumenischen Bewegung weltweit als friedensethischer Konsens gelten kann. Damit verbunden ist ein Perspektivenwechsel: Nicht mehr der Krieg, sondern der Frieden steht im Fokus des neuen Konzeptes. Dennoch bleibt die Frage nach der Anwendung von Waffengewalt auch für den gerechten Frieden virulent, gilt diese nach wie vor als Ultima Ratio. Das Paradigma des gerechten Friedens einschließlich der rechtserhaltenden Gewalt steht auch im Mittelpunkt der Friedensdenkschrift der Evangelischen Kirche in Deutschland (EKD) von 2007. Seitdem hat sich die politische Weltlage erheblich verändert; es stellen sich neue friedens- und sicherheitspolitische Anforderungen. Zudem fordern qualitativ neuartige Entwicklungen wie autonome Waffensysteme im Bereich der Rüstung oder auch der Cyberwar als eine neue Form der Kriegsführung die Friedensethik heraus. Damit ergibt sich die Notwendigkeit, Analysen fortzuführen, sie um neue Problemlagen zu erweitern sowie Konkretionen vorzunehmen. Im Rahmen eines dreijährigen Konsultationsprozesses, der vom Rat der EKD und der Evangelischen Friedensarbeit unterstützt und von der Evangelischen Seelsorge in der Bundeswehr gefördert wird, stellen sich vier interdisziplinär zusammengesetzte Arbeitsgruppen dieser Aufgabe. Die Reihe präsentiert die Ergebnisse dieses Prozesses. Sie behandelt Grundsatzfragen (I), Fragen zur Gewalt (II), Frieden und Recht (III) sowie politisch-ethische Herausforderungen (IV).

Ines-Jacqueline Werkner
Hrsg.

Aufrüstung als europäische Friedensstrategie?

Friedensethik nach der
Zeitenwende • Band 3

 Springer VS

Hrsg.
Ines-Jacqueline Werkner
Arbeitsbereich Frieden
Forschungsstätte der Evangelischen Studiengemeinschaft
Heidelberg, Deutschland

ISSN 2662-2726 ISSN 2662-2734 (electronic)
Gerechter Frieden
ISBN 978-3-658-49437-7 ISBN 978-3-658-49438-4 (eBook)
https://doi.org/10.1007/978-3-658-49438-4

Die Deutsche Nationalbibliothek verzeichnet diese Publikation in der Deutschen Nationalbibliografie; detaillierte bibliografische Daten sind im Internet über https://portal.dnb.de abrufbar.

Planung/Lektorat: Jan Treibel
Springer VS ist ein Imprint der eingetragenen Gesellschaft Springer Fachmedien Wiesbaden GmbH und ist ein Teil von Springer Nature.
Die Anschrift der Gesellschaft ist: Abraham-Lincoln-Str. 46, 65189 Wiesbaden, Germany

Wenn Sie dieses Produkt entsorgen, geben Sie das Papier bitte zum Recycling.

Inhaltsverzeichnis

Über die Autoren

Lucian Bumeder, Wissenschaftlicher Mitarbeiter im Forschungsbereich „Rüstungskontrolle und Neue Technologien" am Institut für Friedensforschung und Sicherheitspolitik (IFSH) im Büro Berlin

Pascal Delhom, Dr. phil. habil., Akademischer Rat am Philosophischen Seminar der Europa-Universität Flensburg

Matthias Dembinski, Dr. phil., Projektleiter und Wissenschaftlicher Mitarbeiter des Peace Research Institute Frankfurt. Leibniz-Institut für Friedens- und Konfliktforschung (PRIF)

Bernd Greiner, Dr. phil. habil., 1994–2018 Leiter des Arbeitsbereichs „Theorie und Geschichte der Gewalt" am Hamburger Institut für Sozialforschung, Gründungsdirektor des Berliner Kolleg Kalter Krieg, lehrte als Professor am Fachbereich Philosophie und Geschichtswissenschaft der Universität Hamburg

Uwe Hartmann, Dr. phil., Oberst a. D., bis 2024 Abteilungsleiter Bildung im Zentrum für Militärgeschichte und Sozialwissenschaften der Bundeswehr in Potsdam

Thomas Hoppe, Dr. theol. habil., Professor i. R. für Katholische Theologie unter besonderer Berücksichtigung der Sozialwissenschaften und der Sozialethik an der Fakultät für Geistes-und Sozialwissenschaften der Helmut-Schmidt-Universität, Universität der Bundeswehr Hamburg

Ines-Jacqueline Werkner, Dr. rer. pol. habil., Leiterin des Arbeitsbereichs Frieden an der Forschungsstätte der Evangelischen Studiengemeinschaft e.V. (FEST) in Heidelberg und Privatdozentin am Institut für Politikwissenschaft der Goethe-Universität Frankfurt a. M.

Aufrüstung als europäische Friedensstrategie? Eine Einführung

Ines-Jacqueline Werkner

1 Ausgangslage

Seit mehr als drei Jahren unterstützt der Westen die Ukraine in ihrem Verteidigungskampf gegen die russische Invasion. Die Europäische Union hat allein im ersten Kriegsjahr zehn Sanktionspakete gegen Russland beschlossen. Zudem unterstützt sie die Ukraine mit immer weiterreichenden Waffenlieferungen. In diesem Sinne konstatieren Markus Kaim und Ronja Kempin (2024, S. 5):

> „Auch in der Europäischen Union (EU) hat Russlands Angriffskrieg ungeahnte Kräfte freigesetzt. Vor allem in der Sicherheits- und Verteidigungspolitik haben die EU-Staaten seit Februar 2024 Quantensprünge vollzogen."

Ungeachtet dieser Anstrengungen waren die USA in den vergangenen drei Kriegsjahren der zentrale Akteur innerhalb der NATO, der wichtigste Garant für die europäische Sicherheit und der größte Unterstützer der Ukraine in ihrem Kampf gegen Russlands Angriffskrieg. Mit der zweiten Amtszeit von Donald Trump

I.-J. Werkner (✉)
Arbeitsbereich Frieden, Forschungsstätte der Evangelischen Studiengemeinschaft, Heidelberg, Deutschland
E-Mail: ines-jacqueline.werkner@fest-heidelberg.de

© Der/die Autor(en), exklusiv lizenziert an Springer Fachmedien Wiesbaden GmbH, ein Teil von Springer Nature 2025
I.-J. Werkner (Hrsg.), *Aufrüstung als europäische Friedensstrategie?*, Gerechter Frieden, https://doi.org/10.1007/978-3-658-49438-4_1

im Weißen Haus scheint diese Politik der Vergangenheit anzu-
gehören. Zwar erwarteten die Europäerinnen und Europäer eine
Neujustierung der transatlantischen Beziehungen und befürchteten bereits im Vorfeld der Wahlen, dass sich die USA unter
einem Präsidenten Trump zunehmend „von den traditionellen
amerikanischen Verpflichtungen zum ‚liberalen Internationalis-
mus' entfern[en]" (Kaim und Kempin 2024, S. 28) würden. Denn
nach Trump müssen die Amerikanerinnen und Amerikaner mehr
für ihre eigenen Belange einstehen und ihre Ressourcen auf die
Herausforderungen im eigenen Land konzentrieren (vgl. Kaim
und Kempin 2024, S. 13) – ganz im Sinne der Maxime *America
First*.

Nicht erwartet wurde jedoch das Ausmaß des Politikwechsels
in den USA. Mit seinen geopolitischen Ambitionen – konkret mit
seinen Ansprüchen auf Grönland und den Panamakanal, seiner
Idee der Eingliederung Kanadas als US-Bundesstaat sowie seinen
Plänen zur Übernahme des Gazastreifens (vgl. ZDF 2025; Tagesschau 2025) präsentiert sich Trump als ein imperialer Akteur.
Seine Täter-Opfer-Umkehr im Ukrainekrieg, seine Zugeständ-
nisse an Wladimir Putin, sein Umgang mit Wolodymyr Selenskyi
und die zeitweise erfolgte Einstellung der US-Militärhilfen an die
Ukraine schockierten Europa.

Für den Frieden und die Sicherheit in Europa haben diese Entwicklungen fatale Konsequenzen. Im Falle eines militärischen
Angriffs auf ein europäisches NATO-Land wäre Europa voraus-
sichtlich – so zumindest die Befürchtung – auf sich allein gestellt
und könnte sich nicht mehr auf die Unterstützung der USA verlassen. Gegenwärtig wäre Europa in einem konventionellen Szenario nicht in der Lage, sich selbst – ohne die USA – zu verteidigen. Das reicht von der Aufklärung über konventionelle Kräfte bis
hin zur nuklearen Abschreckung (vgl. Major 2023, 2024). Vor
diesem Hintergrund scheint eine möglichst schnelle militärische
Aufrüstung in Europa einschließlich eines europäischen Atom-
schirmes das Gebot der Stunde zu sein. Eine solche (neo)realisti-
sche Friedensstrategie ist aber zugleich riskant. In diesem Sinne
konstatiert Jürgen Habermas (2024, S. 150), dass sich „die Politik
und die Gesinnung der ratlosen Eliten im Westen immer weiter
aufs Militärische verengt [haben]". Damit einher gehe eine

„Perspektivlosigkeit, mit der sich der Westen ohne eigene Initiativen den im Kalten Krieg eingeübten Reflexen überlässt" (Habermas 2024, S. 150).

2 Zu diesem Band

Als Ausgangspunkt und Einstieg in die Debatte dient ein Rückblick auf die militärische Aufrüstung zu Zeiten des Kalten Krieges. Dabei stellt *Bernd Greiner* die Dominanz der nuklearen Abschreckungskomponente gegenüber der konventionellen militärischen Aufrüstung während des Ost-West-Konfliktes heraus und verweist auf deren Gefahren und den damit verbundenen „ethisch porösen Bezug zum Frieden".

Matthias Dembinski nimmt die gegenwärtige sicherheitspolitische Situation in Europa in den Blick und analysiert diese im Lichte der aktuellen Entwicklungen in den USA. Dabei zeigt er drei Alternativen – transatlantisch minus, europäisch integriert, intergouvernemental und flexibel – auf, wie sich Europas Verteidigung angesichts einer schwindenden Präsenz der USA in Europa oder sogar ohne die USA entwickeln könnte.

Der folgende Beitrag wendet sich der nuklearen Abschreckung in Europa zu. Durch den befürchteten militärischen Rückzug der USA steht Europa erneut an einem nuklearstrategischen Wendepunkt. Aktuell wird die Option einer europäischen nuklearen Abschreckung debattiert. In diesem Kontext geht *Lucian Bumeder* der Frage nach, was genau westliche Nuklearwaffen abschrecken sollen und was dafür nötig ist.

2026 sollen weitreichende US-amerikanische Mittelstreckenraketen in Deutschland stationiert werden. Diesen bilateralen Vertrag hat Donald Trump bislang noch nicht gecancelt. Konkret ist die Stationierung der ballistischen Rakete *Standard Missile 6*, des Marschflugkörpers *Tomahawk* sowie der Hyperschallrakete *Dark Eagle* geplant. *Uwe Hartmann* nimmt in seinem Beitrag die neue Debatte über Mittelstreckenraketen in Deutschland in den Blick und beleuchtet die Frage der (militär-)strategischen Notwendigkeit dieser Waffensysteme.

Mit einer Politik der Aufrüstung geht stets auch ein Sicherheitsdilemma einher. So verstärkt sich mit der Maximierung der jeweils eigenen Sicherheit die Unsicherheit der Anderen und erhöht wiederum deren Sicherheitsvorsorge. Im Lichte der aktuellen Entwicklungen plädiert *Pascal Delhom* dafür, die Dynamik der Abschreckung zu hinterfragen, denn: „Beunruhigt durch die Notwendigkeit der eigenen Gewalt im Fall eines Krieges, muss es [Europa, Anm. der Verf.] nach Alternativen suchen."

Abschließend stehen theologisch-ethische Reflexionen zur Logik der Aufrüstung und militärischen Abschreckung im Fokus des Bandes. Das Leitbild des gerechten Friedens mit seiner Maxime „Si vis pacem para pacem" (wenn du den Frieden willst, bereite den Frieden vor) stellt eine bewusste Abkehr vom „Si vis pacem para bellum" (wenn du den Frieden willst, rüste dich zum Krieg) dar. Inwieweit sich diese Maxime des gerechten Friedens im Lichte der aktuellen Entwicklungen noch aufrechterhalten lässt, diskutiert *Thomas Hoppe* in seinem Beitrag.

Literatur

Habermas, Jürgen. 2024. *„Es musste etwas besser werden …".* *Gespräche mit Stefan Müller-Doohm und Roma Yos.* Berlin: Suhrkamp.

Kaim, Markus und Ronja Kempin. 2024. *Die Neuvermessung der amerikanisch-europäischen Sicherheitsbeziehungen. Von Zeitenwende zu Zeitenwende.* Berlin: Stiftung Wissenschaft und Politik.

Major, Claudia. 2023. Warum Europa auf die Unterstützung der USA angewiesen ist. https://www.handelsblatt.com/meinung/kolumnen/geoeconomics-warum-europa-auf-die-unterstuetzung-der-usa-angewiesen-ist/29488858.html. Zugegriffen: 6. März 2025.

Major, Claudia. 2024. Diskussion bei Markus Lanz. https://www.zdf.de/gesellschaft/markus-lanz-vom-24-januar-2024-100.html. Zugegriffen: 6. März 2025.

Tagesschau. 2025. Trump bekräftigt seinen Gaza-Plan. https://www.tagesschau.de/ausland/amerika/trump-gaza-plan-100.html. Zugegriffen: 6. März 2025.

ZDF. 2025. Geopolitische Ambitionen. https://www.zdf.de/nachrichten/politik/ausland/trump-kanada-groenland-panama-kanal-usa-100.html. Zugegriffen: 6. März 2025.

Militärische Aufrüstung zu Zeiten des Kalten Krieges und heute

Bernd Greiner

1 Einleitung

Dass bei europäischen Streitkräften Vieles im Argen liegt und auf allen Ebenen zahlreiche Mängel zu beheben sind, wer wollte es bestreiten? Irritierend ist allerdings die Art der Debatte über eine Behebung offenkundiger Defizite. Sie läuft nämlich schnurstracks auf die Forderung nach einer Atommacht Europa oder nach einer nuklearen Aufrüstung Deutschlands hinaus – und zwar mit einer hemdsärmeligen Selbstverständlichkeit, die sich über Einsichten und Lehren aus der Vergangenheit hinwegsetzt. Konventionelle Abschreckung kommt wie der kleine Bruder nuklearer Abschreckung daher, es hat den Anschein, dass es Letzterer bedarf, damit Erstere überhaupt ihren Zweck erfüllt. Dieses reflexhafte Argumentieren spiegelt eine fatale, im Kalten Krieg wurzelnde Pfadabhängigkeit. Insofern ist es hohe Zeit, sich die wichtigsten Kritikpunkte an Theorie und Praxis der Abschreckung in Erinnerung zu rufen.

B. Greiner (✉)
Lübeck, Deutschland

2 Ein ethisch poröser Bezug zum Frieden

Wollte man die militärischen Eventualpläne von NATO und Warschauer Pakt zwischen den frühen 1950er und den späten 1980er-
Jahren auf einen Nenner bringen, so ließe sich sagen: Beide Seiten hegten massive Zweifel an der Zuverlässigkeit und Belastbar-
keit ihrer konventionellen Streitkräfte. In den Planungen der
NATO war durchweg davon die Rede, dass jeder Angriff auf west-
europäisches Territorium einer „nuklearisierten Antwort" be-
dürfe – entweder durch den selektiven Einsatz taktischer Atom-
bomben oder durch massive Nuklearschläge gegen die Sowjetunion. Konventionelle Rüstung sollte und konnte diesem
Verständnis nach nur einen Stolperdraht bereitstellen – um Zeit
für den kriegsentscheidenden „big bang" zu gewinnen. Spiegel-
verkehrt setzte auch die UdSSR auf die Nuklearoption als entscheidende Voraussetzung eines Krieges. Unter Nikita Chruschtschow wurden konventionelle Truppen sogar abgebaut. Der sowjetische Parteichef folgte damit einer auch im Westen gängigen
Logik: Angeblich waren atomare Investitionen weniger kostspielig als die personalintensiven Budgets für stehende Heere. Daran
hat sich bis heute nichts geändert (vgl. Krüger 2014, S. 286,
296 ff.). In anderen Worten: Der Wert konventioneller Abschreckung wird in politischen Sonntagsreden gerne beschworen.
Unter militärisch operativen Gesichtspunkten ist und bleibt sie
eine Chimäre.

Zwar wussten die Atommächte von Anfang an, dass sie mit
stumpfen, unbrauchbaren Waffen hantieren. Wer gegen einen nuklear gerüsteten Feind zu Felde zieht, geht das Risiko der Selbst-
vernichtung ein. Zumindest in diesem Punkt stimmten alle Staats-
und Regierungschefs seit 1945 überein. Nicht umsonst warnten
Dwight D. Eisenhower, Winston Churchill und Nikita Chruschtschow in den 1950er-Jahren wiederholt vor einem drohenden
Selbstmord der Menschheit und nahmen damit ein späteres Bon-
mot vorweg: Wer als erster schießt, stirbt als zweiter. Gerade deshalb trieben die nuklear aufgerüsteten Supermächte ihr Kräftemessen nicht zum Äußersten, im Unterschied zu früheren Zeiten,

als wechselseitige Hochrüstung die Lunte an politische Konflikte gelegt und wiederholt große Kriege entfacht hatte.

Andererseits stand diese Einsicht auf wackeligen Beinen. Man darf nicht in eine Situation kommen, so der Tenor in Ost wie West, aus Furcht vor dem Tod Selbstmord zu begehen oder nur die Wahl zwischen Kapitulation und Untergang zu haben. Die Angst vor der Bombe sollte unter keinen Umständen als Verängstigung verstanden werden. Denn eine Weltmacht, die mit ihren schärfsten Instrumenten nichts anzufangen weiß, besiegelt ihren Niedergang aus freien Stücken. Als der junge Henry Kissinger im Jahr 1957 diesem Merksatz ein umfangreiches Buch widmete, segelte er mit dem Wind der Zeit und legte zugleich den Grundstein für seine fulminante Karriere.

> „Wir müssen imstande sein, den Gegner in eine Lage zu bringen, aus der er sich nur durch den totalen Krieg herausziehen kann, während wir ihn gleichzeitig durch die Überlegenheit unserer Vergeltungsfähigkeit davon abhalten, diesen Schritt zu tun. […] Diejenige Seite, die eher willens ist, einen totalen Krieg zu riskieren, oder die den Gegner von ihrer stärkeren Bereitwilligkeit überzeugen kann, dieses Risiko zu übernehmen, befindet sich in der stärkeren Lage. […] Solche Maßnahmen erfordern starke Nerven. […] Die Wirksamkeit wird von unserer Bereitschaft abhängen, den Risiken von Armageddon ins Auge zu sehen." (Kissinger 1959, S. 123, 144 f.)

Worauf dergleichen Einwürfe auch immer hinausliefen, eines meinten sie zweifellos: Dass es politisch von Vorteil ist, wenn andere den Krieg mehr fürchten als man selbst. Und dass, wer sich behaupten will, das Handwerk der Einschüchterung beherrschen und seinen Willen zur Gewalt glaubhaft demonstrieren muss. Rätsel über die eigenen Absichten aufgeben, Misstrauen säen und Unsicherheit ausbeuten, die Grenze zwischen Bluff und Va-Banque unkenntlich machen und die Gegenseite zermürben, dergleichen wurde während des Kalten Krieges mit klerikaler Bestimmtheit vorgetragen – mal von Spitzenpolitikern wie John Foster Dulles und Nikita Chruschtschow, mal von Publizisten, deren Denkschriften großen Absatz fanden (vgl. Greiner 2020, S. 62 ff.). Der Widerwille gegen eine Entwertung des Militärischen war allgegenwärtig, das unentwegte Anrennen gegen das Wissen um die Unzumutbarkeit eines Atomkrieges fast schon verzweifelt und die Hoffnung auf technologische Wunderheilung dementsprechend groß. Ein nukleares Tabu gab es im Grunde genommen nicht.

Obendrein folgten die Strategieplaner im Pentagon – wie ihre sowjetischen Pendants – einem Merksatz ganz eigener Art: Wer nicht als erster schießt, verspielt von Anfang an jegliche Aussicht auf sein Überleben. So lautet die überzeitliche, sämtliche Eventualpläne bis heute umklammernde Richtlinie. Der US-amerikanische Spieltheoretiker Thomas Schelling hat sie in den 1960er-Jahren popularisiert und dafür das Bild des Revolverhelden bemüht, genauer gesagt dessen vage Hoffnung, im Duell mit einem Ebenbürtigen schneller zu ziehen und sich damit wider Erwarten doch noch einen Vorteil zu verschaffen (vgl. Krepinevich 2022, S. 94 ff.). Rodion J. Malinowski, sowjetischer Verteidigungsminister von 1957 bis 1967, kam zu dem gleichen Schluss und bezeichnete den Erstschlag als wichtigstes Instrument nuklearer Kriegsführung (vgl. Holloway 2017, S. 11). Offensive oder Niederlage: Die Furcht des Zuspätkommens überlagerte sämtliche Bedenken, sie trieb das Austüfteln von Ablaufplänen für einen Atomkrieg verlässlich an – im Osten wie im Westen. So wurde die Saat einer geistigen Monokultur ausgebracht, die von der Machbarkeit des Krieges nicht lassen wollte und sich einen ethisch porösen Bezug zum Frieden leistete.

3   Overkill – eine selbstgestellte Falle

Wie viel Vernichtungspotenzial muss sein? Welche zivilen Einrichtungen sollten geschont, welche militärischen Ressourcen unbedingt anvisiert werden? Was ist unter hinnehmbaren Schäden oder der wolkigen Vorstellung gesellschaftlicher Regeneration nach dem Tag X konkret zu verstehen? Militärs und zivile Expertinnen und Experten schlugen sich während des Kalten Krieges unablässig mit diesen Fragen herum. Und dies umso mehr, als die Entwicklung von Wissenschaft und Technik stetig neue Ideen hervorbringt: Verkleinerte Atomwaffen, sogenannte *Mini-Nukes*, eignen sich scheinbar für „feingesteuerte Operationen" auf

„begrenzten Schauplätzen"; eine einzige, mit Mehrfachspreng-
köpfen bestückte Interkontinentalrakete kann zahlreiche Objekte
auf einmal und in großem Umkreis zerstören; verbesserte Steuer-
leitsysteme lenken Waffen derart präzise ins Ziel, dass eine Läh-
mung oder Entwaffnung der Gegenseite nicht mehr ausgeschlossen ist – zumindest in der Theorie. In der Sowjetunion
arbeitete man zeitweilig sogar an einem System, das im Fall einer
„Enthauptung", der Zerstörung sämtlicher Befehlszentralen,
einen vollautomatisierten Gegenschlag auslösen sollte. *Dead
Hand*, so die amerikanische Bezeichnung, scheiterte an der
Komplexität und den astronomischen Kosten, der Ingenieurs-
traum jedoch lebt weiter (vgl. Hoffman 2009, S. 152 ff.).

Letztendlich glichen sich die Waffenschmieden in Ost und
West ständig weiter an. Zu Lande, zu Wasser, in der Luft und im
All – was der eine tat, kopierte der andere, wissend, dass der Vorsprung von heute schon morgen der Vergangenheit angehört, aber
trotzdem erpicht auf den Profit des Augenblicks. Je mehr Gelder
in Forschung und Entwicklung flossen, desto größer war die
Furcht vor qualitativen Durchbrüchen auf der Gegenseite. Aktion
und Reaktion vermischten sich bis zur Unkenntlichkeit, es scheint,
als bewegten sich alle Beteiligten in einem geschlossenen Spiegel-
kabinett.

Überlegene Technik könnte zum Angriff verleiten, Arglose
könnten wehrlos sein, verschlagene Feinde könnten sich Hinter-
türen offenhalten. – Die suggestive Kraft der Technologie ver-
leitete zu einem Diskurs im ewigen Konjunktiv oder, in zulässiger
Überspitzung, zur Kapitulation politischen Denkens. Dafür steht
die noch heute aktuelle Ein-Prozent-Doktrin. Ihr zufolge ist davon
auszugehen, dass minimale Risiken sich jederzeit zu maximalen
Gefahren entwickeln können. Folglich muss man das zu einem
Prozent Mögliche stets für das zu einhundert Prozent Wahrschein-
liche halten, also Schaden abwehren, bevor er überhaupt ein-
getreten ist. Damit ließen sich allerlei Szenarien und Empfehlun-
gen rechtfertigen, nicht zuletzt der Präventivkrieg, um einen Feind
im Verdachtsfall am Einsatz seiner tödlichsten Waffen zu hindern.
Dieser Vorschlag kam bekanntlich nie zum Zuge. Stattdessen setzten die USA und die UdSSR auf eine *Permanent Preparedness*, auf
die Mittel und Bereitschaft für einen Krieg aus dem Stand.

Am Dogma des Overkill rührte am Ende niemand. Der unter John F. Kennedy vom *Strategic Air Command* in Washington genehmigte Eventualplan sah den Abschuss von 3500 Atomwaffen gegen 1077 Ziele in der UdSSR vor, sofort nach Kriegsbeginn und auf einen Schlag. Selbst die *Flexible Response*, als Mittel zur Eskalationskontrolle angepriesen, setzte bei einer Überschreitung der Nuklearschwelle auf einen Großangriff (*major attack*). Demgemäß hielt man noch in den frühen 1980er-Jahren den gleichzeitigen Einsatz von eintausend Nuklearraketen gegen Ziele in der Sowjetunion für ein strategisches Minimum (wohlgemerkt: Minimum!), wobei auf jedem Trägersystem mehrere Sprengköpfe von der vielfachen Stärke jener Bombe montiert waren, die am 6. August 1945 die japanische Großstadt Hiroshima ausradiert hatte. Hin und wieder vorgenommene Korrekturen betrafen die Modalitäten von Einsätzen, nicht das Prinzip. Im Fall der Fälle würde es auch heute keine Beschränkungen geben (vgl. Kaplan 2020, S. 176 ff., 226 ff.).

4   Zuschlagen auf Verdacht

Obwohl die USA auf der einen, die Sowjetunion und das heutige Russland auf der anderen Seite über das gleiche Vernichtungspotenzial verfügen, kann von einem „Gleichgewicht des Schreckens" oder einer „strategischen Stabilität" nicht die Rede sein. Warum? Weil ein Gutteil der Weltuntergangswaffen hüben wie drüben in ständiger Einsatzbereitschaft gehalten werden. *Launch on Warning* lautet die darauf zugeschnittene Einsatzdoktrin. Sollte sich im Zuge eines Konfliktes der Eindruck verdichten, dass der Gegner einen Atomangriff ernsthaft in Erwägung zieht, so gilt das Prinzip: Zuschlagen auf Verdacht. Die Alternative – Zeit gewinnen, um Missverständnisse auszuschließen, möglicherweise gar einen feindlichen Ersteinsatz hinnehmen – ist damit nicht aus der Welt. Doch sie steht im Schatten des Präventionsgedankens, also der druckvoll vorgetragenen Mahnung, dass im Zweifel die Risiken des Nicht-Handelns größer sind als die Gefahren des Handelns. Wer abwartet und nur reagiert, so die Logik, hat das Kräftemessen bereits verloren, ehe es richtig Fahrt aufnimmt.

Daher kann *Launch on Warning* wie eine Handreichung gelesen werden, das Unkalkulierbare durch Erstschläge kalkulierbar zu machen und das feindliche Potenzial derart zu dezimieren, dass die Antwort verpufft oder in einem vermeintlich erträglichen Rahmen bleibt. Nach einer Aktivierung der Befehlskette bleiben derzeit bis zum *Point of no Return*, dem letztmöglichen Zeitpunkt eines Umschwenkens, exakt zwölf Minuten – Tendenz sinkend, denn wissenschaftliche Innovationen zielen auf Beschleunigung und erhöhen zugleich den Handlungsdruck (vgl. Blair 2020; Cirincione 2007, S. 87, 96). All dies hat der Physiker und Friedensforscher Carl Friedrich von Weizsäcker (1981, S. 36 f.) vor Jahren pointiert zusammengefasst:

> „Die großen Bomben erfüllen ihren Zweck, den Frieden und die Freiheit zu schützen, nur, wenn sie nie fallen. Sie erfüllen diesen Zweck auch nicht, wenn jedermann weiß, dass sie nie fallen werden. Eben deshalb besteht die Gefahr, dass sie eines Tages wirklich fallen werden."

Abschreckung hat mithin eine teuflische Kehrseite – weil sie von Voraussetzungen lebt, die niemand garantieren will, und weil sie Folgen in Kauf nimmt, die niemand kontrollieren kann. Einerseits agierte man im Vertrauen auf Rationalität, also darauf, dass das Gegenüber sich nicht zu unüberlegtem Handeln würde hinreißen lassen oder im Zweifel der nackte Selbsterhaltungstrieb die Oberhand behält. Andererseits war Abschreckung niemals ein durch und durch rationales Konzept. Im Gegenteil: Sie lebt von ihrer Mehrdeutigkeit und gilt als besonders effektiv, sobald Berechenbarkeit und Besonnenheit infrage stehen. Angst ist die treibende Kraft, andere in einem Maße zu ängstigen, dass man den eigenen Willen selbst unter widrigen Bedingungen durchsetzen kann, das Ziel. In letzter Konsequenz läuft Abschreckung auf das Vortäuschen von Irrationalität hinaus, auf Überreaktionen, die alles offen und nichts ohne Bedeutung lassen.

Derlei hatte Nikita Chruschtschow im Sinn, als er die Losung ausgab, die Westmächte zur Weißglut zu treiben. Ähnliches bewog John F. Kennedy zu dem Hinweis, dass die USA nicht verfrüht oder unnötigerweise einen Nuklearkrieg riskieren würden – was im Umkehrschluss besagte, dass es irgendwann durchaus geboten sein könnte, das unvorstellbare Wagnis einzugehen (vgl. Greiner 2010, S. 37). Wie ernst diese Auftritte gemeint waren, spielt eigentlich keine Rolle. Entscheidend ist die Inszenierung, das Jonglieren mit Unwägbarkeiten, Verunsicherungen und Ängsten, oder anders gesagt: der Auftritt im Ungefähren samt der Suggestion von Kontrollverlust. Folgerichtig erklärten Richard Nixon und Henry Kissinger den *Madman*, den mutmaßlich Irren mit dem nervösen Finger am Atomknopf, zur Quintessenz effizienter Abschreckung. Deren Botschaft lautet: Wir trauen euch nicht über den Weg, erst recht tut ihr gut daran, uns nicht zu vertrauen. Weil wir nämlich zu allem fähig und willens sind, auch zu Entscheidungen, die schlicht verrückt sind (vgl. Greiner 2020, S. 156 ff., 189 ff., 273, 282 ff.; 2021, S. 41 ff.).

5   Tanz auf dem Vulkan

Auch und gerade deswegen kam es nach 1945 Jahrzehnt für Jahrzehnt zu kriegsträchtigen Konfrontationen und Krisen, mit einer ausgeprägten Kriegsangst als ständigem Begleiter. Während des Koreakrieges, anlässlich der Einkesselung französischer Truppen vor dem nordvietnamesischen Bien Dien Phu und wegen diverser Übergriffe der Volksrepublik China auf die von Taiwan kontrollierten Inseln Quemoy und Matsu, lancierte Washington die Option, taktische Atomwaffen mittlerer Sprengkraft einzusetzen. 1956 ging Moskau noch einen Schritt weiter und drohte im Laufe der Suezkrise mit der nuklearen Einäscherung von London, Paris und Tel Aviv. Insofern war es nur zu verständlich, dass zwischen 1958 und 1961, als Chruschtschow zum wiederholten Mal den Status West-Berlins infrage stellte, die Furcht vor einem großen Krieg umging. Kurz darauf, im Oktober 1962, schlug diese in Panik um, weil es die UdSSR erneut auf ein Kräftemessen mit den USA ankommen ließ und 36 Mittelstreckenraketen, die dazugehörigen Nuklearsprengköpfe, etliche Unterseeboote und 42.000 Infanteristen nach Kuba verlegte (vgl. Betts 1987, S. 63 ff.).

Wer gehofft hatte, dass das Erschrecken über den mit Mühe und Not in der Karibik abgewendeten Krieg dem Zocken mit

Nuklearwaffen ein Ende bereiten würde, sah sich getäuscht. Um dem Erzrivalen Sowjetunion in Südostasien und im Nahen Osten die Grenzen aufzuzeigen, versetzte Präsident Nixon die Nuklearstreitmacht seines Landes zwischen 1969 und 1973 mehrmals in erhöhte Alarmbereitschaft und ließ überdies mit Wasserstoffbomben beladene B-52 hart an der Grenze des gegnerischen Luftraums über Alaska manövrieren. Nixons ominöse *Madman*-Strategie wurde von seinen Nachfolgern zwar nicht mehr zitiert, wohl aber kopiert – vorweg von der Reagan-Administration, die in den frühen 1980er-Jahren wiederholt Memoranden des Pentagon an die Presse durchstach und dabei laut über führ- und gewinnbare Atomkriege nachdachte. In einem Satz: Der Kalte Krieg wurde mit nuklearem Treibstoff auf Betriebstemperatur gehalten, einen nachhaltigeren Verstärker politischer Konflikte hatte es niemals zuvor gegeben (vgl. Greiner 2021, S. 44 ff.).

In allen Fällen stand die Psychologie der Macht im Mittelpunkt. Es sollte und durfte nicht der Eindruck entstehen, sich wegen des Risikos eines Atomkrieges zum Spielball einer konkurrierenden Weltmacht degradieren zu lassen. Wer in wichtigen Fragen, so das Mantra der Zeit, Schwäche an den Tag legt, wird dieses Odium nie wieder los. So gesehen handelte der Kalte Krieg im Kern von Image und Prestige – oder einem bis zur Selbsthypnose aufgeblähten Ringen um Durchsetzungsvermögen, Willensstärke und Glaubwürdigkeit. So avancierte ein Zirkelschluss zum Ausweis strategischer Weitsicht: Man muss Entschlossenheit demonstrieren, um Interessen zu schützen; und das Interesse besteht darin, entschlossen aufzutreten. Ständig wurde ausgelotet, wo die Schmerzgrenze des weltanschaulichen Herausforderers lag und welche Auftritte die nachhaltigste Wirkung zeigten. Dass militärische Überreaktionen bevorzugt wurden, lag nahe, versprachen sie doch die bildstärkste Botschaft und damit den größten politischen Mehrwert.

Fahrlässig war dieses Kalkül aus einem einfachen Grund: Es ignorierte das Wesentliche von Krisen, deren Unberechenbarkeit und Eigendynamik, also die Gefahr von Selbstläufern. Die Geschichte des Kalten Krieges bietet hierfür zahlreiche Beispiele. Ein um das andere Mal wuchsen die wechselseitigen Sticheleien über sich hinaus und provozierten Entwicklungen, die anfänglich niemand intendiert hatte und die am Ende nur schwer zu bändigen waren Auf den ersten Blick Unscheinbares, so die Erfahrung, kann alles aus dem Lot bringen, Zufälle, Missverständnisse oder Achtlosigkeit, eigenmächtiges Handeln hier, eine unbedachte Äußerung dort. Wie auf dem Höhepunkt der Kuba-Krise, um nur das bekannteste Beispiel zu nennen. Damals brach die Kommunikation zwischen Weißem Haus und Militär wiederholt zusammen, bei der Schiffsblockade der Insel setzten sich lokale Kommandeure über explizite Befehle ihrer Vorgesetzten hinweg. Je genauer man auf diese und andere Konfrontationen der Supermächte blickt, desto haarsträubender sind die Befunde. Gewiss wäre es übertrieben, jede dieser Situationen als Wetterleuchten eines dritten Weltkrieges zu deuten, aber eine Unmenge Glück war stets im Spiel, mehr als Verstand in jedem Fall. Ebendarum sprach John F. Kennedy nie von Krisenmanagement. Ein Befehlshaber, gab der Präsident zu bedenken, kann anordnen, was er will, seiner Einflussnahme sind enge Grenzen gesetzt, weil am Ende der Befehlskette „irgendein Hurensohn nicht mitbekommt, was Sache ist" (John F. Kennedy, zit. in Greiner 2010, S. 123).

6   Intellektuelle und politische Selbstentmündigung

Trotz alledem scheint das Nuklearregime, das viel zitierte „Gleichgewicht des Schreckens", unantastbar. Es schuldet sein zähes Eigenleben auch einer bemerkenswerten Verdrängung, wie das amerikanische Beispiel eindrücklich zeigt. Kein Präsident, kein Verteidigungsminister, kein Sicherheitsberater pochte je auf eine Revision von Plänen, deren Erfolg an Millionen von Toten bemessen wurde. Es griffen noch nicht einmal jene ein, die von Amts wegen hätten eingreifen können, ja müssen: die für die Kontrolle des Militärs zuständigen Parlamentarierinnen und lang, Parlamentarier. Ihnen ging es allein um die Bewilligung von Geldern, in Sachen Nuklearplanung und Einsatzbefugnis ließen sie den Dingen ihren Lauf. Mehr noch – sie wollten noch nicht einmal informiert werden. Über 40 Jahre, zwischen 1977 und Ende 2018, gab es im US-Senat keine einzige Anhörung zu diesem Thema.

Bis heute wird stillschweigend akzeptiert, dass die Entscheidung darüber, ob man als Erster Atomwaffen einsetzt oder es auf einen Zweitschlag ankommen lässt, bei einer einzigen Person liegt – beim Präsidenten. Er allein ist dazu befugt, diese einzusetzen, und muss noch nicht einmal eine zweite Meinung einholen. Eine Rücksprache mit Ministern, hohen Militärs oder Spitzenpolitikern des Kongresses ist möglich, allerdings nicht bindend. Falls Berater überhaupt hinzugezogen werden, haben sie kein Einspruchsrecht, der Verteidigungsminister nicht, der Vorsitzende der Vereinten Stabschefs nicht, Abgeordnete oder Senatoren erst recht nicht. Befehlsempfänger auf entfernten Stützpunkten zu Land und auf See müssen in Unkenntnis der mentalen und psychischen Verfassung ihres obersten Kriegsherrn Folge leisten. Zur präsidialen Machtfülle gehört auch, dass der Regierungschef Einsatzbefugnisse an Kommandeure von Atomeinheiten delegieren darf – eine Carte blanche beim Totalausfall der Kommunikation. Das Dilemma wird dadurch nicht gelöst, sondern auf eine niedrigere Ebene verschoben. Denn diese Auserwählten haben ebenfalls sämtliche Freiheiten, sie können Einwände oder Vorschriften aller Art ignorieren. Von nuklearem Absolutismus zu sprechen, ist eine Untertreibung.

Da in Moskau dieselben Regeln gelten, lässt sich sagen: Die Atommächte muten der Welt Unzumutbares zu, Szenarien, in denen man nur hoffen kann, dass irgendjemand im Nebel des Ungewissen den Durchblick behält und Nervenstärke bewahrt. – So geschehen im Oktober 1962, als die Skipper sowjetischer U-Boote, in kubanischen Gewässern zum Auftauchen gezwungen, entgegen der Befehlslage keine Atomtorpedos abfeuerten. Und so geschehen am 26. September 1983, als ein erfahrener Offizier zur rechten Zeit am rechten Ort Dienst hatte, den Alarm vor einem US-Angriff als Fehlfunktion von Aufklärungssatelliten erkannte und seine Vorgesetzten im Kreml nicht in Kenntnis setzte – wohl auch im Wissen darum, dass politische Entscheider unter extremem Druck nicht immer abwägend handeln, sondern durchaus zu überschießenden Reaktionen willens und fähig sind. Die nächste Konfusion gab es nur wenige Wochen später. Weil die NATO während ihrer Kommandostabsübung *Able Archer* die Gegenseite nicht, wie es Usus ist, über die Verschlüsselung nuklearer Einsatzbefehle informiert hatte, reagierte der Warschauer Pakt mit einer Teilmobilmachung. Atomar bestückte MiG-Jets standen mit laufenden Triebwerken auf Startbahnen in der DDR, für Infanteriedivisionen in Osteuropa galt erhöhte Kampfbereitschaft, Interkontinentalraketen in der UdSSR wurden startklar gemacht. Unter dem Eindruck monatelanger Anspannung erschien ein Routinemanöver des Westens als vorsätzliche Provokation, die eine provokante Antwort verdient hatte (vgl. Maisel 2025; Voss 2015). Wer also glaubt, mit Atomwaffen erfolgreich Drohpolitik betreiben zu können, spielt russisches Roulette. Diese Dimension der Abschreckung zu ignorieren oder zu bagatellisieren, kommt einer intellektuellen Selbstentmündigung gleich.

7   Enttäuschte Hoffnungen

Ein einziges Mal schien ein Kurswechsel möglich, Mitte der 1980er-Jahre und unter dem Eindruck unverhoffter Umbrüche in der UdSSR. Michail Gorbatschow stellte eine zählebige Behauptung vom Kopf auf die Füße: Hatte es bisher geheißen, dass es Atomwaffen gibt, weil zu viel Misstrauen in der Welt herrscht, so konterte der neu gewählte Parteichef im Kreml mit dem Hinweis, dass Massenvernichtungswaffen im Übermaß Misstrauen schüren und man folglich diesem Misstrauen nur durch eine radikale Abrüstung begegnen kann (vgl. Gassert et al. 2020, S. 339 ff.). Erstmals wurde Unerhörtes von höchster Stelle und in aller Deutlichkeit ausgesprochen: Nukleare Abschreckung löst kein Problem, sie ist das Problem.

Warum Ronald Reagan, der am Anfang seiner Präsidentschaft eine beispiellose Hochrüstung betrieben hatte, auf den Kurs Gorbatschows einschwenkte, wird noch lange kontrovers diskutiert werden. Entscheidend ist, dass er diesen Schritt wagte und damit den ersten Abrüstungsvertrag nach 1945 ermöglichte. Das Ende 1987 getroffene INF-Abkommen über die in Europa stationierten Mittelstreckenraketen mit einer Reichweite von 500 bis 5000 km gilt zu Recht als historischer Einschnitt. Hatte man neue Technologien bis dahin immer nur ratifiziert und Obergrenzen für die entsprechenden Waffensysteme festgelegt, so wurde jetzt erstmals die Verschrottung eines kompletten Bestandes vereinbart, einschließlich des Verbots künftiger Produktion. Das politische Gewicht dieser vertrauensbildenden Vereinbarung war erheblich. Sie trug in hohem Maße, wenn nicht sogar entscheidend dazu bei, dass die mit dem Zusammenbruch der Sowjetunion einhergehenden Konflikte nicht eskalierten und der Kalte Krieg im allseitigen Einvernehmen beigelegt werden konnte.

Danach lag Verheißungsvolles in der Luft. In den 1990er-Jahren kürzten die Großmächte ihre Militäretats drastisch, sogar eine dauerhafte Friedensdividende hielten viele für möglich, also eine Umleitung riesiger Geldströme in bedürftige Sektoren des gesellschaftlichen Lebens. Die Zahl der auf amerikanischen und russischen Langstreckenraketen montierten oder in Bombern platzierten Nuklearsprengköpfe ging um 61 % zurück, es sah danach aus, als könnten die Vereinigten Staaten und Russland ein dauerhaft niedriges Niveau aushandeln. Dafür standen der 1993 unterschriebene START-II-Vertrag (*Strategic Arms Reduction Treaty*), der von 2003 bis 2011 gültige SORT-Vertrag (*Strategic Offensive Reductions Treaty*) und nicht zuletzt der 2010 geschlossene und jüngst bis zum Jahr 2026 verlängerte New START-Vertrag, der beide Seiten verpflichtet, die Zahl der Sprengköpfe auf je 1550 und der Trägersysteme auf je 800 zu reduzieren.

Und doch trat alsbald Ernüchterung ein. Das internationale Wettrüsten nimmt seit Jahren wieder Fahrt auf, Vorhandenes wird modernisiert sowie Neues unter Hochdruck erforscht und entwickelt. Mehr und mehr Waffensysteme können sowohl mit nuklearen als auch mit konventionellen Ladungen bestückt werden, die Treffsicherheit nimmt rapide zu und die Satellitennavigation erlaubt eine punktgenaue Feinsteuerung bunkerbrechender Sprengköpfe, sogenannter *smart bombs*, gegen jedes erdenkliche Ziel. Die Liste scheint endlos, was gestern noch als Science-Fiction galt, ist heute Realität. Die neueste Entwicklung sind Hyperschallwaffen, die im oberen Bereich der Atmosphäre oder im erdnahen Orbit derart beschleunigen können, dass es künftig sogar möglich sein könnte, Abwehrsysteme auszuschalten. Zudem nehmen die USA seit 2018 und neuerdings auch Russland das Recht für sich in Anspruch, selbst auf konventionelle Gefährdungen eine atomare Antwort geben zu dürfen. Wie eh und je wird die Tatsache

gegenseitiger Vernichtung im Falle eines atomaren Schlag-
abtauschs von der Fiktion führbarer Atomkriege überblendet. Die
Zukunft mutet wie eine Endlosschleife der Vergangenheit an.

8   Was tun?

William Perry, US-Verteidigungsminister unter Bill Clinton, er-
regt seit Jahren durch ebenso präzise wie provokante Vorschläge
Aufmerksamkeit. Zunächst sollten die Lunten gekappt werden,
die bei weltpolitischen Querelen verlässlich für Nervosität sorgen
und vorschnelles Handeln provozieren können. Sprengköpfe von
Trägersystemen zu demontieren, würde mehr Zeit zum Nachdenken und Entscheiden einräumen, und explizit den Ersteinsatz von
Atomwaffen auszuschließen, wäre ein kraftvolles Signal wider
Argwohn und Misstrauen. Auf landgestützte Interkontinentalraketen zu verzichten, müsste im nächsten Schritt folgen, sind es
doch diese Waffen, die wegen ihrer extremen Verwundbarkeit
zum *Launch on Warning* treiben – weil man sie verliert, wenn
man sie nicht als erster einsetzt. Zur Androhung existenzieller
Schäden braucht man diese Waffen ohnehin nicht, diesen Zweck
erfüllen ihre unverwundbaren Pendants auf U-Booten. Schlussendlich ruft Perry aber dazu auf, sich von Denkmodellen zu lösen,
die einen Krieg androhen müssen, um überhaupt plausibel zu sein
und die den Frieden unterlaufen, weil sie ununterbrochen neue
Varianten der Gewaltanwendung hervorbringen (vgl. Perry 2015;
Perry und Collina 2021). Perrys Ideen mögen utopisch klingen
und kommen doch der Realität sehr nahe – und zwar der Alltags-
erfahrung, dass man Probleme nicht mit den Mitteln lösen kann,
durch die sie entstanden sind.

Literatur

Betts, Richard K. 1987. *Nuclear Blackmail and Nuclear Balance.* Washing-
    ton, D.C.: Brookings Institution.
Blair, Bruce G. 2020. Loose Cannons: The President and US Nuclear Posture.
    Bulletin of the Atomic Scientists 76 (1): 14–26.

Cirincione, Joseph. 2007. *Bomb Scare: The History and Future of Nuclear Weapons*. New York: Columbia University Press.

Gassert, Philipp, Tim Geiger und Hermann Wentker (Hrsg.). 2020. *The INF Treaty of 1987. A Reappraisal*. Göttingen: Vandenhoeck & Ruprecht.

Greiner, Bernd. 2010. *Die Kuba-Krise. Die Welt an der Schwelle zum Atomkrieg*. München: C. H. Beck.

Greiner, Bernd. 2020. *Henry Kissinger. Wächter des Imperiums*. München: C. H. Beck.

Greiner, Bernd. 2021. *Made in Washington. Was die USA seit 1945 in der Welt angerichtet haben*. München: C. H. Beck.

Hoffman, David E. 2009. *The Dead Hand: The Untold Story of the Cold War Arms Race and Its Dangerous Legacy*. New York: Knopf Doubleday Publishing Group.

Holloway, David. 2017. *Racing toward Armageddon? Soviet Views of Strategic Nuclear War, 1955–1972*. Unveröffentlichtes Manuskript.

Kaplan, Fred. 2020. *The Bomb, Presidents, Generals, and the Secret History of Nuclear War*. New York: Simon & Schuster.

Kissinger, Henry. 1959. *Kernwaffen und Auswärtige Politik*. München: Oldenbourg.

Krepinevich, Andrew F. 2022. The New Nuclear Age. How China's Growing Nuclear Arsenal Threatens Deterrence. *Foreign Affairs* 101 (3): 92–105.

Krüger, Dieter (Hrsg.). 2014. *Schlachtfeld Fulda Gap. Strategien und Operationspläne der Bündnisse im Kalten Krieg*. Fulda: Parzellers Buchverlag.

Maisel, Lukas. 2025. *Wie ein Mann nichts tat und so die Welt rettete*. Hamburg: Rowohlt.

Perry, William J. 2015. *My Journey at the Nuclear Brink*. Standford: Stanford University Press.

Perry, William J. und Tom Z. Collina. 2021. Trump Still Has His Finger on the Nuclear Button. This Must Change. *Politico* vom 8. Januar 2021.

Voss, Klaas. 2015. Die Enden der Parabel. Die Nuklearwaffenübung Able Archer im Krisenjahr 1983. *Mittelweg 36* 14 (1): 73–92.

Weizsäcker, Carl Friedrich von. 1981. *Der bedrohte Friede. Politische Aufsätze 1945–1981*. München: Carl Hanser.

Zwischen russischer Bedrohung und amerikanischem Rückzug: Die Zukunft der europäischen Sicherheit

Matthias Dembinski

1 Einleitung

Seit dem November 2024 steht die europäische Sicherheit gleich von zwei Seiten unter Druck. Auf der einen Seite dauert Russlands Angriffskrieg bereits über drei Jahre. Wladimir Putin lehnte selbst das für Russland überaus vorteilhafte Angebot Donald Trumps für einen Waffenstillstand und einen dauerhaften Frieden ab. Damit signalisiert Moskau unmissverständlich die Bereitschaft, den Krieg so lange fortzusetzen, bis es seine sehr weit gesteckten Ziele erreicht hat: die Annexion nicht nur der Krim, sondern auch der vier von Putin beanspruchten Oblaste, die Neutralisierung und weitgehende De-Militarisierung der (Rest-)Ukraine sowie die Errichtung einer informellen Vorherrschaft über das Land. Darüber hinaus ist nicht verlässlich zu erwarten, dass sich Russland mit der faktischen Abkopplung beziehungsweise Verdrängung aus Europa arrangieren werde. Stattdessen rechnen

M. Dembinski (✉)
Peace Research Institute Frankfurt (PRIF), Frankfurt a. M., Deutschland
E-Mail: Dembinski@prif.org

© Der/die Autor(en), exklusiv lizenziert an Springer Fachmedien Wiesbaden GmbH, ein Teil von Springer Nature 2025
I.-J. Werkner (Hrsg.), *Aufrüstung als europäische Friedensstrategie?*, Gerechter Frieden, https://doi.org/10.1007/978-3-658-49438-4_3

Beobachterinnen und Beobachter mit einer andauernden Kon-
fliktbereitschaft und russischen Übergriffen gegen das restliche
Europa mit hybriden und selbst militärischen Mitteln. Russland
hat auf Kriegswirtschaft umgestellt, wendet nach Berechnungen
westlicher Thinktanks 6,7 % seines Bruttoinlandsproduktes (BIP)
für Rüstung auf (vgl. Barry et al. 2025, S. 8) und ist in der Lage,
die horrenden Verluste an Soldatinnen und Soldaten – Schätzungen zufolge bis zu 900.000 Tote und schwer Verwundete – auszugleichen. Westliche Militärexpertinnen und -experten und
Geheimdienste schätzen die Zeit, die Russland benötigt, um seine
militärische Kampfkraft wiederherzustellen und gegenüber der
NATO beziehungsweise einzelnen NATO-Ländern kriegsfähig zu
werden, auf zwei bis zehn Jahre. Sicherlich operieren diese Schätzungen und Erwartungen künftiger Konflikte mit einer Reihe von
Unbekannten. Nur ist das Vertrauen in Putin und Russland voll-
kommen verschwunden und bleibt nichts anderes, als sicherheitspolitische Planungen auf Worst-Case-Annahmen zu stützen.
Unter dieser Prämisse ist die Herausforderung klar: Russland
könnte schneller angriffsfähig werden als die NATO abwehr-
bereit.

Auf der anderen Seite versetzt die Wiederwahl Trumps der
ohnehin unsicheren europäischen Sicherheit und Verteidigungsfähigkeit einen weiteren schweren Schlag. Denn die USA sind
nicht irgendein Mitglied der NATO. Sie waren bisher im eigenen
Verständnis und im Verständnis anderer die unverzichtbare
Führungsmacht, die Sicherheit in Europa organisiert und garan-
tiert. Das Ausmaß der transatlantischen Verwerfungen wurde erst
langsam deutlich. Aber spätestens seit den Äußerungen Trumps
und seiner Mannschaft auf und im Umfeld der Münchener Sicher-
heitskonferenz 2025 geht ein tiefer Riss durch die transatlantische
Welt. Die Wertebasis der NATO ist erodiert, das Vertrauen in die
USA schwindet rapide und ob gemeinsame Interessen künftig als
Kitt des Bündnisses taugen, erscheint angesichts der transatlantischen Konfliktlagen und der daraus möglicherweise
resultierenden negativen Dynamik fraglich. Erklärtermaßen
werden die USA die Mammutaufgabe, Sicherheitsgarantien für
die Rest-Ukraine zu organisieren, den Europäern überlassen.
Wahrscheinlich ist, dass mit der Verlagerung der amerikanischen

Aufmerksamkeit auf den Pazifik und die chinesische Bedrohung ein partieller Rückzug aus Europa einhergeht. Möglich ist selbst der weitgehende oder sogar vollständige Abzug US-amerikanischer Truppen aus Europa.

Dass angesichts dieser Lage Deutschland wie auch Europa insgesamt größere Verantwortung für die eigene Sicherheit übernehmen müssen, ist mittlerweile eine Binse. Die USA verlangen eine größere europäische Verantwortung. Trumps Verteidigungsminister Pete Hegseth forderte sogar, die europäischen Bündnismitglieder „should take primary responsibility for defense of the continent" (Department of Defense 2025). Eine größere Eigenverantwortung wird auch von europäischen Staatschefs – von Friedrich Merz über Emmanuel Macron bis hin zu Keir Starmer – versprochen. Außenminister Johann Wadephul machte sich sogar frühzeitig die Forderung Trumps nach einer Erhöhung der Verteidigungsausgaben auf fünf Prozent des BIP zu eigen. Auf ihrem Gipfel im Juni 2025 einigten sich die Mitgliedstaaten offiziell, die Verteidigungsausgaben innerhalb von 10 Jahren auf 5 % des BIP zu erhöhen. Davon sollen 3,5 % für Verteidigung im engeren Sinne, berechnet nach NATO-Kriterien, aufgewendet werden und 1,5 % für sicherheitsrelevante Infrastrukturmaßnahmen. Unklar ist hingegen, wie Deutschland und Europa ihre Sicherheit mit einer deutlich zurückgestutzten Rolle der USA oder sogar ohne sie organisieren wollen. Jetzt rächt es sich, dass hier das während der ersten Trump-Regierung aufkeimende Nachdenken über Alternativen zur transatlantisch orientierten Verteidigung nach der Wahl Joseph Bidens sofort ad acta gelegt worden war. Dennoch ließe sich an die damals diskutieren Konzepte anknüpfen, und sei es nur, um ihre Schwachstellen und Probleme herauszuarbeiten.

2   Die Beiträge der USA

Ausgangspunkt meiner Überlegungen ist der Befund der Forschung, wonach Allianzen flüchtige Gebilde sind, ständig bedroht durch eine Reihe von Dilemmata, die neudeutsch mit den Begriffspaaren *Entrapment vs. Abandonment, Balancing vs. Bandwagoning und Burden-sharing vs. Buck-passing* bezeichnet sind. Die NATO kennt die daraus resultierenden allianzinternen Konflikte zur Genüge. Das eigentlich Auffällige ist der Forschung zufolge aber ihre Langlebigkeit und Anpassungsfähigkeit, ihre Kohäsion und Handlungsfähigkeit. Als nicht einzige, aber wichtigste Ursache ihres Erfolges gilt die hegemoniale Führung durch die USA. Sie ruhte auf drei Säulen: einer materiellen, einer ideellen und einer institutionellen (vgl. Dembinski und Spanger 2025).

Die *materielle Säule* ist die bekannteste und wichtigste: Die USA tragen mit derzeit ca. 100.000 in Europa stationierten US-Soldatinnen und -Soldaten zur europäischen Sicherheit bei. Hinzu kommen Verstärkungskräfte aus den USA, die im Falle einer Krise oder eines militärischen Konflikts nach Europa verlegt werden würden. Nach Angaben aus offenen Quellen planen die USA für diesen Fall mit der Entsendung von bis zu 200.000 Soldatinnen und Soldaten (vgl. Jones und Daniels 2025; Burlikov und Wolff 2025). Und schließlich tragen die USA mit einer Reihe von strategischen Fähigkeiten wie satellitengestützte Aufklärung und Kommunikation, Lufttransport, Luftabwehr, weitreichende Präzisionswaffen etc. zur europäischen Sicherheit bei. Eine letzte Komponente dieser materiellen Säule stellt der US-amerikanische Nuklearschirm dar (zu dieser Diskussion vgl. Werkner 2025). Aber selbst wenn man nur auf die konventionellen Beiträge der USA zur europäischen Verteidigung blickt, sind die Dimensionen gewaltig. Um die US-Beiträge vollständig zu ersetzen, müssten die Europäer Großverbände mit 300.000 zusätzlichen Soldatinnen und Soldaten samt Ausrüstung aufstellen. Unterschiedlichen Schätzungen zufolge würde es Verteidigungsausgaben in Höhe von 3,5 bis 7 % der Wirtschaftsleistung aller europäischer NATO-Mitglieder bedürfen und zwischen sieben und zehn Jahre dauern, um diese Beiträge zu ersetzen (vgl. Barry et al. 2025; Röhl und Bardt 2025).

Ebenso bedeutsam ist die *ideelle Säule*: Auf der Grundlage der materiellen Beiträge der USA entwickelte sich im Laufe der Dekaden – durchaus auch im Sinne sozialer Rollentheorien – ein Verständnis, das den USA die Rolle der akzeptieren Führungsmacht zuweist. Danach geben die USA bei kontroversen Fragen Lösungswege vor, konsultieren dabei und hören durchaus auf das bessere Argument, setzen die Lösungen durch Anreize oder sanften Druck durch. Die anderen Bündnismitglieder erwarten von den USA Führung.

Die *institutionelle Säule* der US-amerikanischen Führung besteht in den Positionen, die die USA in der integrierten Militärstruktur der NATO besetzen, sowie dem Sicherheitsnetz, bestehend aus bilateralen Verträgen mit europäischen Staaten, das die USA unterhalb der formalen NATO-Strukturen aufspannen. Zentral ist die Stellung des SACEUR (*Supreme Allied Commander Europe*). Diese Position wird traditionell mit einem US-amerikanischen Vier-Sterne-General (oder Admiral) besetzt, der in Personalunion als Oberbefehlshaber der amerikanischen Streitkräfte in Europa dient und in dieser Funktion in die nationale US-amerikanische Befehlskette mit dem US-Präsidenten an der Spitze eingebunden ist. Der SACEUR übernimmt schon im Frieden und in Krisensituationen wichtige Aufgaben, und er verfügt über autonome Handlungsspielräume. Beispielsweise hat ihm der Nordatlantikrat die Kompetenz übertragen, in einer Krise die schnellen Verbände der *NATO Response Force* auf den Weg zu bringen. Im Kriegsfall würde der SACEUR den Oberbefehl über die alliierten Streitkräfte übernehmen. Dank des doppelten Hutes und der bilateralen Verträge bliebe er selbst im Fall der Blockade des Nordatlantikrates handlungsfähig.

Dank der Kombination von materiellen Machtressourcen und politischem Führungsstil gelang es den USA in der Vergangenheit, die großen und politisch heterogenen intergouvernementalen Sicherheits- und Verteidigungsorganisationen innewohnende Tendenz zu Blockaden abzufedern und Handlungsfähigkeit zu sichern.

3   Trumps Demontage der europäischen Sicherheit

Wie radikal ändert sich diese Rolle der USA unter Trump? Man mag daran erinnern, dass sich die USA vor 1945 nie als europäische Macht begriffen, sich die NATO zunächst als ein lockeres und dezentrales Bündnis vorstellten und Dwight D. Eisenhower noch bis weit in die 1950er-Jahre hinein die Truppen heimholen wollte. Allein die Struktur des Ost-West-Konflikts verhinderte derartiges. Nach 1990 trat an diese Stelle eine andere Begründung der US-amerikanischen Präsenz in Europa und der Welt: die Idee der *indispensable power*, wie die frühere Außenministerin Madeleine Albright es nannte, das heißt die unverzichtbare Macht für die Aufrechterhaltung einer globalisierten Ordnung liberaler Provenienz.

Trump erschien diese Rolle schon immer als zu kostspielig und die ganze Idee einer multilateralen Ordnung, die die USA an Regeln bindet, höchst suspekt. Und insofern diese Ordnung liberale Züge trägt, erscheint sie ihm geradezu feindlich. Trump ist dabei, die Pax Americana in ihren drei Dimensionen zu demontieren: die Bündnissysteme, die wirtschaftliche Offenheit und die normative Ausstrahlung (vgl. Overhaus 2025a). Nationale Interessen und nicht multilaterale Verpflichtungen sind sein Leitstern. Vor allem erkannte er früher als andere, dass der Versuch, diese Ordnung aufrechtzuerhalten, die Kräfte der USA übersteigt. Trumps Programmatik und strukturelle Trends ziehen an dieser Stelle also in die gleiche Richtung. Auch seine Nachfolger werden der Bedrohung durch China Priorität einräumen, die relativ schwindende Machtposition in Rechnung stellen, unter verschärften fiskalischen Zwängen operieren und die gesellschaftliche Polarisierung und die Abwehrreflexe gegen Globalisierung in Rechnung stellen. Unklar ist jedoch, was Trump an die Stelle der bisherigen *Grand Strategy* setzt und welche der großen Denkschulen sein Gehör findet (vgl. Overhaus 2025b).

Seine Abkehr von den bisherigen Grundlagen amerikanischer Sicherheitspolitik hat erhebliche Konsequenzen für die Rolle der USA in Europa und der NATO. Entschieden ist, dass Trump der analytisch schon immer unscharfen Rede von der Wertegemeinschaft die Grundlage entzogen hat. Weiterhin sieht er im Einklang mit der Schule der sogenannten *Restrainer* im amerikanischen Engagement für die europäische Sicherheit vor allem eines: „welfare for the rich" (Posen 2013). Und ohne die Folie der liberalen Ordnung im Kopf glaubt er, mit Putin irgendwelche Deals machen zu können. Sicherlich haben die USA weiterhin Interessen in Europa und an der NATO. Zu nennen wäre etwa der Wert der

US-Basen in Europa als logistische Drehscheibe globaler Machtprojektion. Ob er darüber hinaus erkennt, dass es in einer unsicheren Welt besser ist, Verbündete zu haben als alleine dazustehen, bleibt fraglich.

Entscheidend wird sein, wie weit der oben angesprochene materielle Pfeiler erodiert. Auskunft hierüber wird die *Global Posture Review* geben. Wenn die Reduzierungen deutlich über die 20.000 Truppen hinausgehen, die die USA seit 2014 zusätzlich in Europa stationiert haben, wird es kritisch. Insofern die Europäer das an militärischer Stärke aufbauen, was die USA abbauen, werden sich die Gewichte innerhalb der NATO deutlich verschieben. Allein dadurch schon gerät der ideelle Pfeiler der amerikanischen Führung in Schieflage. Hinzu kommt der fast schon rücksichtslose Politikstil der Trump-Regierung, der europäische Folgebereitschaft schwinden lässt. Und selbst der institutionelle Pfeiler wird, wenn ihn die USA nicht selbst demontieren, mit der Verschiebung der materiellen Gewichte bröckeln.

4   Die Alternativen zu einer US-amerikanischen Führung: Drei Szenarien

Wie also könnte die Zukunft der europäischen Sicherheit aussehen? Mögliche Alternativen zu der bisherigen transatlantisch orientierten Verteidigung mit den USA als starker Führungsmacht müssen angeben, wie sie deren Leistungen ersetzen können. Alle drei der hier diskutierten Modelle versprechen dies nur partiell, und alle weisen neben möglichen Vorteilen gravierende Nachteile und Risiken auf.

4.1   Transatlantisch minus

Dieses Modell setzt auf eine neue Arbeitsteilung innerhalb der NATO. Die USA blieben mit reduzieren Beiträgen präsent. Ihre Präsenz gründete sich auf spezifischen amerikanischen Interessen, etwa dem an Einfluss in einer ökonomisch und geografisch zentralen Region oder dem an Erhalt einer kostspieligen militärischen Infrastruktur, die sich auch als Drehscheibe globaler US-amerikanischer Machtentfaltung nutzen ließe. Die USA würden nach einem Ende des Ukrainekrieges einen Teil ihrer Truppen abziehen, aber die Basen und Einrichtungen weiter nutzen, die für ihre globale Machtprojektionen wichtig sind, wie etwa die Luftwaffenbasis in Ramstein oder die Marinebasis im spanischen Rota. Möglicherweise würden die USA auch die eine oder andere schnell verlegbare Brigade in Europa belassen. Die Europäer würden das Gros der konventionellen Verteidigung an der Ostflanke stellen, so wie die USA dies bereits heute mit Blick auf die Ukraine andenken.

Der Vorteil dieses Modells wäre, dass die europäischen NATO-Mitglieder wichtige Beiträge der USA nicht vollständig ersetzen müssten. Sie könnten weiterhin hoffen, etwa von amerikanischer Satellitenaufklärung zu profitieren. Zudem blieben die USA eine Art Letztgarant europäischer Sicherheit. Die Europäer könnten also den schwer lösbaren Fragen wie der Alternative zum amerikanischen Nuklearschirm ausweichen. Diesem Vorteil stünde eine Reihe von Nachteilen gegenüber: Die Europäer könnten in alten Mustern beharren und sich weiterhin zu stark auf die USA verlassen. Ihr möglicher Glaube, sie seien auf eine reduzierte amerikanische Präsenz angewiesen, könnte zudem ihre politische Konfliktfähigkeit gegenüber den USA einschränken. Vor allem aber würde sich mit tiefen Einschnitten der amerikanischen Präsenz die gesamte Architektur der NATO verschieben Das nukleare Schutzversprechen würde zwar formal bestehen bleiben, aber in dem Maße an Glaubwürdigkeit verlieren, in dem der Truppenabbau der USA ein abnehmendes Interesse an europäischer Sicherheit demonstriert. Schließlich bliebe fraglich, ob die ideelle und die institutionelle Säule US-amerikanischer Führung Bestand haben könnte, wenn die materielle Säule deutlich schrumpft. Kurzum trügt die Vorstellung, die Europäer könnten die Hauptlast der konventionellen Verteidigung in Europa schultern, sich aber weiterhin auf den nuklearen Schirm der USA und ihre Führungsleistung verlassen.

4.2   Europäisch integriert

In der Literatur findet sich das Argument, die US-amerikanische hegemoniale Führung ließe sich am ehesten durch eine stärkere Integration der Verteidigungspolitik europäischer Staaten kompensieren. Dieser Gedanke dominierte auch die Diskussionen über europäische Sicherheit während der ersten Trump-Regierung. Sie wurden geführt mit Schlagworten wie Europäische Armee, Armee der Europäer und europäische Souveränität. Prominent sprachen sich Wirtschaftswissenschaftlerinnen und -wissenschaftler für das Modell einer europäisch integrierten Verteidigung aus. Hans-Werner Sinn (2016, S. 329) schlug vor: „Die EU-Länder legen ihre Armeen zusammen, stellen sie unter ein einheitliches EU-Kommando und vereinheitlichen die mit der Verteidigung verbundene Beschaffungspolitik."

Die Vorteile einer stark integrierten Sicherheits- und Verteidigungspolitik sind unschwer zu erkennen: Durch die Einführung von Mehrheitsentscheidungen in der Verteidigungspolitik, die Delegation von Autorität an supranationale Organe, einen politischen Repräsentanten, dessen Kompetenzen eher mit denen der Kommissionspräsidentin der EU als mit denen des Generalsekretärs der NATO vergleichbar wären, und einen militärischen Akteur, ähnlich einem europäischen SACEUR, ließe sich politische und militärische Handlungsfähigkeit sichern. Eine stärkere Integration der Verteidigungspolitik böte zudem die Chance, die Beschaffungs- und Rüstungspolitik effizienter zu gestalten. Bisher achten die Staaten bei der Beschaffung von Rüstungsgütern auf nationale Standards. Und sie schützen – zum Teil aus arbeitsmarktpolitischen Interessen, vor allem aber aufgrund souveränitätspolitischer Überlegungen – so weit wie möglich ihre Rüstungsindustrien und Lieferketten. Die Folge sind nationale Fragmentierungen der Rüstungsmärkte, unnötige Duplizierungen, kleine Produktionsserien und insgesamt geringe Skaleneffekte. Die Kommission und das EU-Parlament beklagen seit Jahren die Kosten des „Nicht-Europa" in der Rüstungspolitik, die auf jährlich über 25 Mrd. € geschätzt werden (vgl. Ballister 2013). Eine Konsolidierung der Rüstungsmärkte und gemeinsame Beschaffungen

würden also nicht nur die Interoperabilität der Streitkräfte stärken, sondern auch die Effizienz steigern.

Diesen Vorteilen steht eine Reihe von Nachteilen entgegen:
Zunächst ist der *track-record* der EU als sicherheits-, verteidi-
gungs- und rüstungspolitischer Akteur recht bescheiden. Das sogenannte *Helsinki Headline Goal*, mit Beginn der Gemeinsamen
Sicherheits- und Verteidigungspolitik im Dezember 1999 auf dem
EU-Gipfel in Helsinki verkündet, sah die Bereitstellung und Ausrüstung von Truppen für EU-Kriseninterventionen in einer
Größenordnung von 60.000 Soldatinnen und Soldaten vor. Erreicht wurde dieses Ziel nicht einmal ansatzweise. Die sogenannten EU-Missionen – Kriseninterventionseinsätze von ad hoc ge-
bildeten Koalitionen der Willigen unter der politisch-militärischen
Kontrolle der EU – weisen seit den ersten Einsätzen auf dem Bal-
kan und im Osten Kongos Anfang der 2000er-Jahre eine Tendenz
auf: Sie werden immer weniger robust und nehmen immer stärker
den Charakter von Polizei- und Ausbildungsmissionen an. Die
von den Mitgliedsstaaten halbjährlich rotierend für europäische
Einsätze zur Verfügung gestellten zwei *Battlegroups* in der
Größenordnung von ca. 1000 Soldatinnen und Soldaten kamen
nie zum Einsatz, und dies, obwohl ihre Entsendung in Krisen
mehrmals gefordert worden war. Auch das jüngste Instrument, die
im Zusammenhang mit dem Strategischen Kompass beschlossene
EU Rapid Deployment Capacity in einer Größenordnung von
5000 Truppen ist nach dem Modell der *Battlegroups* aufgebaut
und mit denselben Problemen belastet.

Diese bescheidene Bilanz hat strukturelle Gründe. Auf der
einen Seite scheuen die Mitgliedsstaaten auf dem Feld von Krieg
und Frieden die hohen Souveränitätskosten, die mit integrierten
Strukturen verbunden wären. Am Beispiel der *Battlegroups* lassen
sich diese Vorbehalte exemplarisch zeigen. Dieses Modell setzt
voraus, dass die Staaten, die gerade halbjährlich Truppen für EU-
Einsätze vorhalten, diese tatsächlich auch dann in einen potenziell
lebensbedrohenden Einsatz unter der Kontrolle einer internationalen Organisation schicken, wenn ihre vitalen Interessen
nicht betroffen sind. Dazu sind Staaten kaum bereit; und dazu
können sie aus demokratietheoretischen Gründen auch nicht bereit sein. Wenn es um Leben und Tod eigener Staatsbürgerinnen

und Staatsbürger in Uniform sowie anderer geht, können Staaten die Kontrolle über den Einsatz ihrer Streitkräfte nicht oder zumindest nicht ohne Einschränkungen an andere Staaten oder internationale Organisationen delegieren. Genau das zeigt auch ein Blick auf die Empirie militärischer Einsätze. Gerade bei robusteren Interventionen beharren sie auf nationale Kontrollen (vgl. Dembinski 2023). Und auch die EU könnte, solange sie nicht staatsähnlich wird, die ihr übertragene Autorität über Streitkräfte und ihren Einsatz nicht im Sinne einer Steigerung strategischer oder geopolitischer Handlungsfähigkeit nutzen. Die EU ist im Kern ein bürokratischer und kein politischer Akteur. Sie handelt regelorientiert und pfadabhängig. Und sie ist kaum geeignet und noch weniger legitimiert, aus sich selbst heraus ad hoc und schnell hochpolitische Entscheidungen zu treffen.

4.3   Intergouvernemental und flexibel

Aufgrund dieser Vorbehalte, die mittlerweile in der Forschung weitgehend akzeptiert sind, scheint ein drittes Modell trotz erheblicher Nachteile womöglich dennoch attraktiv. Danach würden die europäischen Staaten die gemeinsame Verteidigung auch ohne die USA intergouvernemental gestalten. Aus praktischen Gründen böte sich eher die NATO als die EU als institutioneller Rahmen an. Die NATO verfügt über die entsprechende sicherheitspolitische Kultur; und sie umfasst neben den wichtigen EU-Staaten auch Großbritannien, Kanada und die Türkei.

Der entscheidende Vorteil dieses Modells bestünde – im Vergleich zu dem vorherigen („europäisch integriert") – in den geringeren Souveränitätskosten. Die Staaten blieben für den Einsatz ihrer Streitkräfte verantwortlich. Sie würden diese Verantwortung nicht delegieren, sondern sich mit Partnern sowohl ex ante im Rahmen strategischer Planungen koordinieren als auch ad hoc zusammenschließen. Um die Blockadeanfälligkeit intergouvernementaler Arrangements abzufedern, könnten die Staaten nach diesem Modell flexiblere Formen der Zusammenarbeit vereinbaren. Denkbar wäre es etwa, dass Staaten mit sehr ähnlichen Interessen und strategischen Kulturen wie Deutschland und die Niederlande enger und integrierter zusammenarbeiten, während andere Staaten die Kontrolle über ihre Streitkräfte weitgehend behalten. Die Klammer der Institution NATO würde wie bisher durch die integrierte Streitkräftestruktur, die Verteidigungsplanung und gemeinsame Übungen ein hohes Maß an Interoperabilität, militärischer Zusammenarbeit und politischer Konsultation sichern. Vereinbar mit diesem Modell wäre auch eine stärkere und sogar stärker integrierte Zusammenarbeit in der Rüstungspolitik. Denn die integrierte Zusammenarbeit in diesem Bereich hätte geringere Souveränitätskosten als die Integration der Streitkräfte.

Allerdings gibt es auch eine Reihe von Nachteilen: Zunächst ließe sich im Rahmen dieses Modells die US-amerikanische Führungsrolle kaum ersetzen. Diese beruht wie oben ausgeführt auf der Größe und den großen materiellen Beiträgen der USA, ihrem Führungsstil und der Folgebereitschaft der anderen. Über eine derartige Führungsmacht verfügt Europa allein aufgrund der Größenverhältnisse der europäischen NATO-Staaten nicht. Deutschland hat sich zwar zum Ziel gesetzt, die größten beziehungsweise schlagkräftigsten Streitkräfte in Europa aufstellen zu wollen. Aber selbst wenn sich dieses Ziel wider Erwarten erreichen ließe, würde Deutschland vermutlich ebenso wenig wie Frankreich als Führungsmacht anerkannt werden. Aus den gleichen Gründen ließe sich auch die Funktion, die der US-amerikanische SACEUR derzeit ausfüllt, nicht ersetzen. Ein europäischer SACEUR hätte zwar den Titel, aber nicht die gleiche Autorität. Im Rahmen des intergouvernementalen Modells könnte die Neigung konsensorientierter Organisationen zu Blockaden nicht durch Führung, sondern nur durch Flexibilität abgefangen werden. Statt nationale Beiträge zu gemeinsamer Stärke aggregieren zu wollen, sichert dieses Modell Handlungsfähigkeit durch flexible Formen der Teilnahme und Möglichkeiten des *Opting-out*. Nur geht Handlungsfähigkeit in diesem Modell auf Kosten der Effektivität.

5   Die Zukunft der europäischen Sicherheit

Diese Modelle haben eher den Charakter von Idealtypen, insofern sie konzeptionell unterscheidbare Antworten auf das Problem der Handlungsfähigkeit von Allianzen mit einer großen und heterogenen Mitgliedschaft geben. Konkrete Vorschläge laufen oftmals auf Mischformen hinaus. So schlagen etwa Wolfgang Ischinger (2025) und Herfried Münkler (2025) die Bildung einer Kerngruppe großer europäischer Staaten vor, die einerseits genügend Gewicht auf die Waage bringen, um die materielle Komponente der amerikanischen Führung zu kompensieren, und die andererseits in diesem Kreis das Prinzip von Mehrheitsentscheidungen akzeptieren. Man mag hoffen, dass sich derartiges erreichen lässt. Sicher ist das nicht. Dem steht entgegen, dass die politikbegleitende Forschung seit dem sogenannten Schäuble/Lamers-Papier von 1994 (CDU/CSU-Fraktion im Deutschen Bundestag 1994) immer wieder über Kerngruppen, ein Europa der unterschiedlichen Geschwindigkeiten, oder einen europäischen Sicherheitsrat diskutiert hat, ohne dass sich diese Konzepte jemals realisieren ließen. Denn dazu müsste dieses Modell nicht nur von den kleineren Mitgliedern akzeptiert werden, sondern es bräuchte vor allem eine Gruppe von großen Staaten mit sehr ähnlichen Interessen, Sichtweisen und strategischen Kulturen. Und solange sich diese nicht finden, sieht es um die Zukunft der europäischen Sicherheit düster aus. Allein die finanzielle Dimension einer eigenständigen europäischen Sicherheitsvorsorge ist gewaltig. Und mit Ausnahme Polens gehen die großen EU-Staaten einschließlich Deutschland diese Herausforderung bisher ausschließlich durch die Verlagerung der Kosten in die Zukunft an – sprich durch Schulden. Dass Frankreich, Italien, aber auch andere Staaten das Versprechen, 3,5 bzw. 5 % des BIP für Verteidigung auszugeben, nicht werden einhalten können, erscheint schon heute ausgemacht. Ebenso ungelöst sind die institutionellen und politischen Fragen einer europäischen Sicherheitsarchitektur ohne die USA. Weil die beiden vorstellbaren Modelle eigenständiger europäischer Sicherheit erhebliche Nachteile und Risiken aufweisen, halten die meisten europäischen NATO-Mitglieder vielleicht mit Ausnahme Frankreichs am Modell einer angepassten transatlantischen Partnerschaft fest. Trump einzubinden scheint die Devise des Tages. Ob diese Strategie funktioniert, ist jedoch zweifelhaft. Und wenn es zum Bruch käme, stünde Europa mit ziemlich leeren Händen da. Es bleibt also nur der Spagat, die USA so gut wie möglich an Bord zu halten und gleichzeitig Vorsorge für ihren Abzug zu schaffen.

Literatur

Ballister, Bianca. 2013. *The Costs of Non-Europe in Common Security and Defence Policy*. Brussels: European Parliamentary Research Service.

Barry, Ben, Douglas Barry, Henry Boyd, Nick Childs, Michael Gjerstad, James Hackett, Fenella McGerty, Ben Schreer und Tom Waldwyn. 2025. *Defending Europe Without the United States: Costs and Consequences*. London: International Institute for Strategic Studies.

Burlikov, Alexandr und Guntram Wolff. 2025. Europa ohne die USA verteidigen: Eine erste Analyse, was gebraucht wird. *Kiel Policy Brief* No. 183.

CDU/CSU-Fraktion im Deutschen Bundestag. 1994. Überlegungen zur Europäischen Politik. https://www.cvce.eu/documents/10181/41685/Piermattei_schauble+lamers+tedesco.pdf/2db4233b-a084-45b6-b94b-cd0607888b7e. Zugegriffen: 15. Juli 2025.

Dembinski, Matthias. 2023. *Zum Design militärischer Interventionen für Frieden und humanitären Schutz. Motive, Trends und Konsequenzen für Deutsche und Europäische Politik*. Frankfurt: PRIF.

Dembinski, Matthias und Hans-Joachim Spanger. 2025. NATO's Uncertain Future. https://library.fes.de/pdf-files/international/22159.pdf. Zugegriffen: 15. Juli 2025.

Department of Defense. 2025. Secretary of Defense Pete Hegseth Press Conference Following NATO Ministers of Defense Meeting in Brussels, Belgium, Feb. 13, 2025. https://www.defense.gov/News/Transcripts/Transcript/Article/4066734/secretary-of-defense-pete-hegseth-press-conference-following-nato-ministers-of-. Zugegriffen: 15. Juli 2025.

Ischinger, Wolfgang. 2025. Die Zeit zum Handeln ist jetzt. https://www.faz.net/aktuell/politik/sicherheitskonferenz/wolfgang-ischinger-europa-braucht-verteidigungsunion-110330633.html. Zugegriffen: 15. Juli 2025.

Jones, Seth G. und Seamus P. Daniels. 2025. *Deterring Russia. U.S. Military Posture in Europe*. Washington: Center for Strategic and International Studies.

Münkler, Herfried. 2025. *Macht im Umbruch. Deutschlands Rolle in Europa und die Herausforderungen des 21. Jahrhunderts.* Berlin: Rowohlt.

Overhaus, Marco. 2025a. *Big Brother Gone. Europa und das Ende der Pax Americana.* Frankfurt: Frankfurter Allgemeine Buch.

Overhaus, Marco. 2025b. The future of NATO – From benign leader to „uncle sucker". The US debate on NATO. https://library.fes.de/pdf-files/international/22152.pdf. Zugegriffen: 15. Juli 2025.

Posen, Barry. 2013. Pull Back. The Case for a less Activist Foreign Policy. *Foreign Affairs* 92 (1): 116–128.

Röhl, Klaus-Heiner und Hubertus Bardt. 2025. *Mehr Verteidigung mit weniger USA? Geld-, Personal- und Zeitprobleme als sicherheitspolitische Herausforderungen für die deutsche Verteidigungsindustrie.* Köln: Institut der Deutschen Wirtschaft.

Sinn, Hans-Werner. 2016. *Der Schwarze Juni. Brexit, Flüchtlingswelle, Euro-Desaster – Wie die Neugründung Europas gelingt.* Freiburg: Herder.

Werkner, Ines-Jacqueline. 2025. Braucht Europa eigene Nuklearstreitkräfte? In *Sicherheits- und verteidigungspolitische Neujustierungen,* hrsg. von Ines-Jacqueline Werkner und Anna Löw, 69–82. Wiesbaden: Springer VS.

Nukleare Abschreckung in Europa: Zwischen strategischer Notwendigkeit und politischer Ungewissheit

Lucian Bumeder

1   Einleitung

Seit ihrem ersten Einsatz im August 1945 spielen Nuklearwaffen –
trotz ihrer Nichtverwendung – eine herausragende Rolle in der
Verteidigungspolitik von Staaten. Ihre bloße Existenz prägt regio-
nale Sicherheitsarchitekturen, staatliche Militärausgaben und die
Bereitschaft von politischen Entscheiderinnen und Entscheidern,
in Krisensituationen militärische Schritte zu unternehmen oder zu
unterlassen. Durch den befürchteten militärischen Rückzug der
USA steht Europa heute erneut an einem nuklearstrategischen
Wendepunkt. So offen wie seit 50 Jahren nicht diskutieren Politikerinnen und Politiker eine grundlegende Änderung der bisherigen erweiterten Abschreckung im Rahmen der NATO. Kon-
frontiert mit einem revanchistischen Russland, das nach drei Jahren Krieg gegen die Ukraine stark militarisiert ist und nach
Vergeltung für durch westliche Waffenlieferungen entstandene

L. Bumeder (✉)
Institut für Friedensforschung und Sicherheitspolitik an der Universität
Hamburg (IFSH), Hamburg, Deutschland
E-Mail: bumeder@ifsh.de

© Der/die Autor(en), exklusiv lizenziert an Springer Fachmedien
Wiesbaden GmbH, ein Teil von Springer Nature 2025
I.-J. Werkner (Hrsg.), *Aufrüstung als europäische Friedensstrategie?*,
Gerechter Frieden, https://doi.org/10.1007/978-3-658-49438-4_4

Verluste streben könnte, setzen sich europäische Politikerinnen und Politiker für einen drastischen Ausbau der eigenen Streitkräfte ein. Zudem fordern sie zunehmend einen Ausbau der europäischen nuklearen Abschreckung, um schwindende amerikanische Garantien zu ersetzen. In diesem Sinne äußerte sich auch Bundeskanzler Friedrich Merz nur wenige Tage nach seinem Amtsantritt:

> „Der atomare Schutzschild über Europa wird im Augenblick von den Vereinigten Staaten von Amerika mit der sogenannten atomaren Teilhabe auch unseres Landes gewährleistet. Ich sehe die grundsätzliche Notwendigkeit, dass wir mit Frankreich und auch mit Großbritannien über die Frage diskutieren, wie wir eine solche Antwort der Abschreckung auch in Zukunft gemeinsam geben können." (Bundesregierung 2025)

Nuklearwaffen sind ein zentraler Bestandteil der NATO-Abschreckung. Aber sie sind keine magische Lösung für alle Sicherheitsprobleme, wie manchmal suggeriert wird. Bevor teure Änderungen an europäischen Arsenalen veranlasst werden, lohnt es sich zur zentralen Frage zurückzukehren: Was genau sollen westliche Nuklearwaffen abschrecken und was ist dafür nötig?

2   Was sollen westliche Nuklearwaffen abschrecken?

Während des Kalten Krieges dienten Nuklearwaffen zuerst der Kompensation einer wahrgenommenen konventionellen Unterlegenheit des Westens gegenüber der Sowjetunion. Durch die Androhung früher und massiver Nuklearschläge sollte eine sowjetische Invasion Westeuropas abgeschreckt werden, verbunden mit der Gefahr, dass ein nuklearer Krieg zu einer Zerstörung des Kontinents geführt hätte. Die erweiterte Abschreckung der USA – also die Garantie, Verbündete mit eigenen Nuklearwaffen zu verteidigen – war darüber hinaus ein politisches Instrument, um zu verhindern, dass sich andere Staaten nuklear bewaffnen und so nukleare Entscheidungszentren außerhalb der eigenen Kontrolle in Europa und Asien entstehen. Mit der Entwicklung von

Interkontinentalraketen kam später die Abschreckung eines sowjetischen Angriffs auf die USA durch die Strategie gegenseitig zugesicherter Zerstörung (*Mutually Assured Destruction*, MAD) als zweite Kernaufgabe neben der Verteidigung gegen eine konventionelle Invasion hinzu.

Nach dem Kalten Krieg hat sich der Fokus verschoben, da die USA und mit ihr verbündete Staaten infolge des Zusammenbruchs der Sowjetunion und der Integration der Staaten des Warschauer Paktes in die NATO nun eine konventionelle Überlegenheit besaßen. Im Zentrum der US-amerikanischen Strategie steht heute weniger die Vermeidung von Proliferation oder eines globalen Atomkrieges, sondern vielmehr die Abschreckung begrenzter nuklearer Schläge. Russland oder China könnten im Fall einer drohenden konventionellen Niederlage Nuklearwaffen gegen militärische Ziele einsetzen, um sich einen militärischen Vorteil zu verschaffen oder die Ausweitung des Konfliktes zu einem Zeitpunkt verhindern, der ihre zuvor erzielten territorialen Gewinne sicherstellt. Auch die bloße Drohung einer nuklearen Eskalation hat politischen Nutzen, indem sie die Geschlossenheit der US-geführten Allianzen untergräbt und die militärische Unterstützung an angegriffene Staaten verlangsamt, wie im Falle der Ukraine (vgl. Kamp 2025, S. 5). Diese Form der Abschreckung gegen nukleare Drohungen und limitierte Nuklearschläge zu ersetzen wäre die zentrale Aufgabe einer eigenständigen europäischen Abschreckung.

3 Die US-amerikanische Nuklearstrategie

Das US-amerikanische Nukleararsenal ist über 70 Jahre gewachsen, um die zwei oben genannten Aufgaben zu erfüllen: die Abschreckung eines strategischen Angriffs und die von limitierten Nuklearschlägen. Dafür entstand einerseits ein quantitativ großes und diversifiziertes *strategisches* Arsenal aus boden- und seegestützten ballistischen Langstreckenraketen und strategischen Bombern. Dieses gewährleistete die Parität mit der Sowjetunion und wäre in der Lage gewesen, nach einem Erstangriff eines Aggressors diesem unakzeptablen Schaden zuzufügen. Das strategische Arsenal wird andererseits ergänzt durch ein breites Spektrum an *substrategischen* Waffen mit variabler, aber insgesamt geringerer Sprengkraft und Reichweite, die eine symmetrische Reaktion auf begrenzte nukleare Angriffe ermöglichen und sich auf militärische Ziele beschränken lassen könnten. Entscheidend ist, dass die USA ihr substrategisches Arsenal einsetzen können, ohne ihr strategisches Arsenal zu verwenden oder auch nur vorzubereiten. Damit wird eine klare Schwelle geschaffen, an der eine nukleare Eskalation kontrolliert werden kann, bevor amerikanisches Territorium betroffen ist. Das macht die Drohung für den Einsatz substrategischer Nuklearwaffen unterhalb dieser Schwelle glaubwürdiger und beugt Missverständnissen vor.

Die numerische Parität mit den strategischen Nuklearwaffen eines Gegenspielers ist für die USA nicht nur ein reines Prestige-Kriterium. Die USA planen ihr Arsenal mit der Vorstellung, im Fall eines Nuklearkrieges den erlittenen Schaden durch feindliche Nuklearwaffen spürbar zu reduzieren (*damage limitation*). Dazu soll die Anzahl der Raketen, die in Richtung USA gestartet werden, minimiert werden, indem noch am Boden befindende Raketen und Kommunikations- und Kommandostrukturen zerstört werden. Im Kalten Krieg kamen aufgrund fehlender Genauigkeit der eigenen Systeme hierfür ausschließlich Nuklearwaffen infrage. Heute spielen auch Cyberangriffe, Spezialkräfte und konventionelle Raketen eine zentrale und zunehmende Rolle. Die durch solche Maßnahmen vor dem Start (*left-of-launch*) reduzierte Anzahl von gestarteten Raketen lässt sich dann besser mit eigenen Raketenabwehrsystemen bekämpfen und so eigene Opfer weiter limitieren.[1]

---

[1] Ein erfolgreiches Beispiel im konventionellen Bereich war der israelische Angriff auf den Iran 2025 im Rahmen der Operation „Rising Lion." Durch den überraschenden Luftangriff und das schnelle Erlangen von Lufthoheit konnte Israel viele iranische Raketen am Boden zerstören oder in unterirdischen Bunkern festsetzen. Die dennoch gestarteten iranischen Raketen konnten durch Raketenabwehr weiter ausgedünnt werden. In Verbindung mit der geringen Genauigkeit iranischer Raketen waren mit dem israelischen Angriff nur geringe zivile und keine bekannten militärischen Verluste verbunden. In einem nuklearen Szenario wäre dies jedoch grundsätzlich anders, da auch eine einzelne Nuklearexplosion über einem Bevölkerungszentrum katastrophalen Schaden verursachen würde.

Trotz allem bleibt die Verteidigung gegen einen vollständigen Angriff eines großen Nuklearstaates aktuell unmöglich. Im Gegensatz zu kleineren Nuklearwaffenstaaten wie Nordkorea verfügt Russland (und bald auch China) über eine Vielzahl von strategischen Sprengköpfen, welche die Anzahl der jeweils passenden Abfangraketen deutlich übersteigt. Zusätzlich sind unterschiedliche Arten von Trägersystemen im Einsatz, die Angriffe aus verschiedenen Richtungen und Flugbahnen ermöglichen. Raketen sind häufig mit mehrfachen Sprengköpfen und vielfältigen Penetrationshilfen wie Ködern bestückt.

Die existierende Raketenabwehr dient daher primär der Abwehr von kleineren Nuklearstaaten wie Nordkorea und zukünftig möglicherweise dem Iran, deren interkontinentale Raketen weniger weit fortgeschritten und numerisch kleiner sind. Befürworterinnen und Befürworter von Raketenabwehr argumentieren dementsprechend, dass durch Investitionen in Raketenabwehrsysteme die erweiterte Abschreckung für Verbündete gestärkt wird. Ein US-Präsident wäre eher willens, das Risiko einer militärischen Eskalation einzugehen, wenn er einen glaubhaften Weg sieht, einen Erfolg zu erzielen, ohne Schaden auf US-Territorium zu erleiden. Für Südkorea und Israel ist eine solche Argumentation einigermaßen glaubhaft, weniger jedoch für Europa, da das russische Arsenal das amerikanische Festland erreichen kann und Europa selbst in einem offenen Krieg mit Russland unvermeidbar schwere Schäden davontragen würde. In der Konfrontation mit größeren Staaten wie Russland und China spielt Raketenabwehr eine andere Rolle, indem sie die Schwelle für das notwendige Ausmaß eines Nukleareinsatzes oder konventionellen Angriffs auf das amerikanische Festland erhöht. Um überhaupt die Raketenabwehr zu durchdringen wäre eine größere Salve notwendig. Da zu Beginn eines Konflikts jedoch nicht zuverlässig absehbar ist, wie effizient die Raketenabwehr funktioniert, fällt es schwerer abzuschätzen und zu kontrollieren, wie groß der angerichtete Schaden in den USA wäre – und damit verbunden die amerikanische Gegenreaktion. Dieses erhöhte Eskalationsrisiko soll den Angriff selbst vermeiden oder auf ein Maß reduzieren, das nur symbolischen Schaden anrichtet.

Die Anforderung in militärischen Planungen auf *damage limitation* ist auch in legalen und philosophischen Kriterien des internationalen Völkerrechts verankert. Ein kleineres Arsenal wie das Frankreichs oder Großbritanniens muss bewusst Angriffe auf Bevölkerungszentren, insbesondere Moskau, planen, um der Gegenseite unakzeptablen Schaden anzudrohen. Ein größeres Arsenal erlaubt es, die Waffen und militärischen Strukturen der Gegenseite anzugreifen – womit zivile Opfer als Kollateralschäden von Angriffen auf ein legitimes militärisches Ziel gälten, was völkerrechtlich legal wäre (vgl. Acton 2023). Allerdings ist es ein Mythos, dass präemptive Angriffe gegen Nuklearwaffen und Entscheidungsstrukturen der Gegenseite nicht massenweise zivile Opfer erzeugen würden, da beispielsweise Kommandozentralen in Bevölkerungszentren nuklear angegriffen würden. Die für einen plausiblen Präemptivangriff notwendigen Nuklearexplosionen wären ausreichend, um globale Schäden in der Lebensmittelversorgung und eine weitreichende Verstrahlung zu verursachen (vgl. Xia et al. 2022).

Gleichzeitig ist der Anspruch der USA an die Fähigkeit für *damage limitation* ein zentraler Treiber für nukleare Aufrüstung. Die Entscheidung Chinas, die Anzahl seiner interkontinentalen Trägersysteme und Abschussrampen zu vervielfachen, geht in Teilen darauf zurück, die eigene Zweitschlagfähigkeit zu erhalten, auch wenn durch technologische Fortschritte in den nächsten Jahren ein konventioneller präventiver Angriff auf Nuklearwaffen und die Abwehr der verbleibenden Raketen erfolgsversprechender werden. Durch den Fokus der Trump-Regierung auf die Entwicklung eines fortgeschrittenen Raketenabwehrsystems, das im Weltraum stationiert ist und Raketen während ihrer Startphase zerstören können soll, wird diese Entwicklung zusätzlich verschärft. Auf der anderen Seite wird der Auftrag zur Schadensbegrenzung in innenpolitischen und bürokratischen Debatten der USA als Argument geführt, warum die Vereinigten Staaten ihr Arsenal ausbauen müssen. So sei es, um Russland und China gleichzeitig abzuschrecken, nötig, die Anzahl der eigenen stationierten Sprengköpfe auf die der summierten Trägersysteme der beiden Länder zu erhöhen.

4   Die Krise des Vertrauens

Das grundlegende Problem für Europa bleibt von der Größe des US-amerikanischen Arsenals jedoch weitgehend unberührt. Denn der Erfolg erweiterter Abschreckung hängt nicht von der Parität oder Überlegenheit der Waffensysteme ab, sondern von der Glaubwürdigkeit, dass ein US-Präsident bereit ist, für verbündete Staaten das Risiko eines Nuklearkrieges einzugehen, der eigene Truppen oder gar das eigene Territorium betreffen könnte.

In der Vergangenheit wurde die Glaubwürdigkeit von Garantien durch eine demonstrative Präsenz von US-amerikanischem Militär in Europa und regelmäßige politische Bekräftigungen unterstrichen. Die prominenteste Rolle spielen die in Europa stationierten, amerikanischen Freifallbomben B61-12, die von verbündeten Flugzeugen im Kriegsfall eingesetzt werden sollen. Neben den Ankündigungen, in Raketenabwehr investieren zu wollen, hat die zweite Trump-Regierung bislang keine Änderungen an ihrem Nukleardispositiv und erweiterten Abschreckungsregelungen vorgenommen. Verteidigungsminister Pete Hegseth betonte sogar, dass die USA weiterhin ihre nukleare Rolle in Europa wahrnehmen wollen. In einem internen Memo wies er die US-Streitkräfte jedoch an, sich konventionell exklusiv auf die Verteidigung Taiwans zu konzentrieren und dafür Risiken in anderen Regionen in Kauf zu nehmen (vgl. Horton und Natanson 2025). Diese Haltung spiegelt sich auch in den Plänen für den Umbau des US-Militärs wider. In ersten budgetären Plänen werden insbesondere Investitionen in die Marine und Luftwaffe getätigt, die im Pazifik eine tragende Rolle spielen. Zusammen betrachtet mit der Infragestellung von NATO-Garantien im Wahlkampf, dem wiederholten Aussetzen der militärischen Unterstützung der Ukraine und dem diplomatischen Zugehen auf Russland sind große Zweifel in Europa an der Verlässlichkeit Donald Trumps als US-Oberbefehlshaber im Krisenfall entstanden. Zusätzlich gibt es die Sorge, dass die europäische Abhängigkeit von US-amerikanischen nuklearen Garantien instrumentalisiert werden könnte, um politische oder wirtschaftliche Ziele gegenüber Europa durchzusetzen, etwa bei der Regulierung von amerikanischen Tech-Konzernen, zukünftigen Handelskonflikten oder einem erzwungenen Frieden in der Ukraine.

5   Russisches Nuklearsenal und Doktrin

Russlands nukleares Dispositiv ist primär auf die strategische Abschreckung der USA ausgerichtet. Entsprechend war die Modernisierung des letzten Jahrzehnts darauf fokussiert, neue strategische Systeme einzuführen, die auf unterschiedliche Weise amerikanische Raketenabwehrsysteme überwinden können. Hierzu
zählen beispielsweise die Interkontinentalrakete Sarmat, die als
Schwerlastrakete eine vergrößerte Zahl an Sprengköpfen und Attrappen transportieren kann, sowie der Avangard-Gleiter, der Angriffe aus ungewöhnlichen Richtungen, wie über den Südpol, ermöglicht, um bekannte Abwehrstellungen zu umgehen. Auch Berichte über eine Stationierung von Nuklearwaffen im All passen in
dieses Bild, da sie im Extremfall satellitengestützte Raketenabwehrkonstellationen und Sensorsysteme der USA zerstören
können (vgl. Schneider und Süß 2025). Für eine glaubwürdige
Damage-Limitation-Fähigkeit gegenüber den USA fehlen Russland jedoch noch weitgehend technische Fähigkeiten in der Aufklärung.

Als zweite Aufgabe verwendet Russland sein großes Arsenal
an substrategischen Nuklearwaffen dafür, seine konventionelle
Unterlegenheit gegenüber der kollektiven NATO auszugleichen.
Russland verfügt mit etwa 2000 sub-strategischen nuklearen Waffen über deutlich mehr als die USA mit etwa 230 (vgl. Woolf
2022). Im Vergleich zu den USA hat Russland nach dem Ende des
Kalten Krieges in einem weitaus geringeren Maße substrategische
Waffen abgerüstet, da schnell die konventionelle Unterlegenheit
gegenüber dem Westen klar wurde und das konventionelle
Raketenprogramm nicht weit genug fortgeschritten war, um nukleare nicht-strategische Operationen zu ersetzen. Durch den Eintritt der osteuropäischen Staaten in die NATO hat sich das
konventionelle Ungleichgewicht in Europa weiter zuungunsten
Russlands verändert. Um die Abschreckung von politisch und
geografisch exponierten Regionen zu stärken, wurden beispielsweise Sprengköpfe und nuklearfähige Raketensysteme in Kaliningrad stationiert. Damit sollte eine Einnahme der Stadt oder die
Zerstörung der dort befindlichen Flotte früh in einem Kriegsverlauf verhindert und westliche Ziele in der Region bedroht werden.

Die Stationierung von Nuklearwaffen in Belarus fällt ebenfalls in dieses Muster.

Auch für Russland stellt die Glaubwürdigkeit von Drohungen die zentrale Herausforderung dar, um den erwünschten Nutzen aus seinem breiten Nukleararsenal zu ziehen. Häufige Warnungen vor nuklearer Eskalation im Rahmen des Krieges gegen die Ukraine führten zwar zu einer Verzögerung der westlichen militärischen Unterstützung, konnten jedoch schlussendlich weder ihr Ausmaß begrenzen noch die Ukraine davon abhalten, politische und militärische Hochwertziele in Russland anzugreifen. Durch häufige Drohungen hat sich auch der Wert von nuklearen Signalen abgenutzt. Russland versucht daher, die Glaubwürdigkeit seiner Abschreckung zu stärken, indem es in seiner Doktrin von 2024 vergleichsweise präzise die Bedingungen für den Einsatz von Nuklearwaffen definiert (vgl. Ministry of Foreign Affairs of the Russian Federation 2024). Russland betrachtet Nuklearwaffen als ein Instrument der Eskalationskontrolle und Konflikt-Termination im Extremfall. Die Entscheidung für einen Einsatz hängt jedoch schlussendlich nicht von der verkündeten Doktrin sondern von der individuellen Entscheidung des russischen Präsidenten ab. Realistische Einsatzschwellen bestehen insbesondere im Fall eines Kontrollverlustes während eines Krieges mit großflächiger NATO-Beteiligung oder wenn die strategische Rückschlagfähigkeit durch signifikante Verluste in allen Bereichen der nuklearen Triade plausibel infrage gestellt wird (vgl. Kofman et al. 2020, S. 51).

6　　Die europäischen Nuklearstaaten

Was bedeutet diese Situation für Europa? Für europäische Staaten ist es unrealistisch und nicht finanzierbar, das US-amerikanische Nukleararsenal zu replizieren. Dies ist auch nicht notwendig oder sinnvoll, da Europa nicht in demselben Maß wie die USA ein globales Netzwerk erweiterter nuklearer Abschreckung aufrechterhalten muss. Eine europäische nukleare Abschreckung würde sich nur auf in direkter geografischer Nähe befindende Staaten erstrecken. Ausganspunkt für eine von den USA unabhängige nukleare

Abschreckung sind daher die bereits bestehenden Arsenale von Frankreich und dem Vereinigten Königreich und nicht die amerikanische Vorlage. Von diesen ist insbesondere das französische für eine mögliche Stärkung einer eigenständigen europäischen nuklearen Abschreckung relevant. Deutsche und europäische Politikerinnen und Politiker sollten sich darauf fokussieren, die Glaubwürdigkeit einer erweiterten Abschreckung durch Frankreich zu erhöhen.

Großbritannien ist aus zwei Gründen nur schwer geeignet, um eine europäische nukleare Abschreckung zu stärken: Erstens verfügt das Land nur über ein strategisches Nukleararsenal ohne flexible Einsatzoptionen auf substrategischer Ebene. Dieses stellt eine glaubwürdige Abschreckung gegen Angriffe auf britische Bevölkerungszentren dar, nicht jedoch gegen begrenzte Nuklearschläge auf militärische Ziele in einem möglichen Konflikt mit Russland. Das Land besitzt insgesamt etwa 225 nukleare Sprengköpfe, die für U-Boot-gestartete ballistische Raketen (SLBM) vom Typ Trident II D5(LE) ausgelegt sind. Von diesen werden rund 120 für vier strategische U-Boote der Vanguard-Klasse mit Raum für je 16 ballistische Raketen einsatzbereit gehalten (vgl. Kristensen et al. 2024); sie unterliegen der vollständigen Kontrolle des britischen Premierministers (vgl. Messmer und O'Sullivan 2025). Zweitens stützt sich die britische Nuklearfähigkeit zum größten Teil auf die US-amerikanische nukleare Infrastruktur, insbesondere durch die Nutzung der Trident-Raketen (vgl. Kristensen et al. 2024), die von der US-Marine zur Verfügung gestellt werden und für die Wartung zu regelmäßigen Abständen in die USA geliefert werden müssen. Auch die Sprengkopfproduktion erfolgt in enger Zusammenarbeit mit den USA. Im Juli 2025 kündigte das Vereinigte Königreich an, F35-A zu beschaffen und die nukleare Teilhabe-Regelung im Rahmen der NATO mit den USA wieder aufzunehmen. Dies legt nahe, dass Planungen für den Einsatz nicht-strategischer Nuklearwaffen auch für europäische Staaten wieder an Bedeutung gewinnen, verstärkt jedoch die Abhängigkeit von den USA und spielt für eine von den USA unabhängige Abschreckung keine nennenswerte Rolle. In Summe ist das Vereinigte Königreich zu einem weniger relevanten Akteur im Hinblick auf eine eigenständige europäische Abschreckungsfähigkeit, wenn diese ohne Unterstützung der USA ausgebaut werden müsste.

Frankreich verfügt aus technischer Sicht über die notwendigen Fähigkeiten für eine erweiterte Abschreckung. Es besitzt ebenfalls eine glaubwürdige Zweitschlagfähigkeit durch vier strategische U-Boote mit mehrfach bestückten ballistischen Raketen, hat jedoch zusätzlich mit dem Marschflugkörper ASMP-A auf Rafale-Kampfjets noch eine separate luftgestützte Komponente (vgl. Kristensen et al. 2023). Beide sind im Gegensatz zu den britischen Systemen vollständig national eigenständig. Das entscheidende Hindernis ist auf politischer Ebene: Aus französischer doktrinärer Sicht liegt der Schwerpunkt traditionell ausschließlich auf der nationalen Abschreckung. Präsident Emmanuel Macron hat zwar begonnen, „europäische Aspekte französischer vitaler Interessen" (Elysee 2020) stärker zu betonen. Doch bleibt unklar, wie ernst eine solche Erweiterung gemeint ist – und wie ernst sie von Verbündeten und Gegnern eingeschätzt wird. Die substrategische Einsatzoption wird in Frankreich traditionell als „letzter Warnschuss" verstanden – als Überschreitung einer symbolischen Grenze zu einem existenziellen Konflikt, in dem strategische Angriffe direkt bevorstehen, wenn ein Konflikt nicht beendet wird. In relevanten Szenarien, etwa bei einer militärischen Niederlage der NATO im Baltikum oder einem begrenzten russischen Nuklearschlag gegen ein militärisches Ziel, wäre diese Eskalationsdrohung wenig glaubwürdig. Bisher hat Frankreich kaum ernsthaft über die Herausforderungen erweiterter Abschreckung diskutiert. Im Gegenteil: Die Nicht-Teilnahme an der Nuklearen Planungsgruppe der NATO (vgl. Schepers 2025, S. 2 f.) symbolisiert eine grundlegende Skepsis gegenüber nuklearen Garantien an andere Staaten.

7   Entwicklung einer eigenständigen europäischen Abschreckung

Ein plötzlicher Bruch US-amerikanischer nuklearer Sicherheitsgarantien ist nicht zu erwarten. Viel wahrscheinlicher ist ein schleichender Rückzug, der sich in schrittweise schwindendem

Vertrauen und einer graduellen Reduzierung der konventionellen amerikanischen Präsenz in Europa manifestiert. Diese Entwicklung ist auch nicht allein auf Donald Trump als Individuum zurückzuführen, sondern spiegelt eine strukturelle Verschiebung wider: Die USA richten ihren strategischen Fokus zunehmend auf China; zudem haben sich die politischen Mehrheiten innerhalb der Republikanischen Partei nachhaltig verschoben.

Die wichtigste Änderung im nuklearen Bereich müsste jedoch auf politischer Seite erfolgen, nicht auf der Ebene militärischer Fähigkeiten. Kurzfristig könnte eine Anpassung der französischen Nukleardoktrin durch eine deutlichere Betonung des europäischen Aspekts der vitalen Interessen Frankreichs das schwindende Vertrauen in die USA kompensieren und eine parallele Struktur schaffen. Mittelfristig müsste die strategische Ambiguität reduziert und die symbolische Schwelle des *last warning strike* von einer rein nationalen Verteidigungslinie gelöst werden. Eine mögliche Alternative wäre etwa, den Fortbestand der Europäischen Union als vitales Interesse Frankreichs zu etablieren. Transparenz gegenüber europäischen Partnern – etwa durch eine Einbindung in substrategische Planungen, Beobachtungen von französischen Übungen oder gar Beteiligungen in Form konventioneller Unterstützung von nuklearen Missionen – wäre ein wichtiger Schritt. Auch symbolische Gesten wie Übungen in Nachbarstaaten oder die temporäre Stationierung nuklearfähiger Flugzeuge in Partnerländern könnten Vertrauen gegenüber Verbündeten schaffen. Ein Weggeben der Entscheidungsgewalt über den Einsatz von Nuklearwaffen aus den Händen des französischen Präsidenten an verbündete Staaten oder europäische Strukturen ist ausgeschlossen und Teil einer irreführenden innenpolitischen Debatte.

Auf technischer Seite müsste mittelfristig über eine begrenzte Erweiterung des französischen Arsenals für niedrigere Eskalationsstufen nachgedacht werden. Optionen wären beispielsweise eine Schwerkraftbombe nach dem Vorbild der B61-12 oder ein Sprengkopf mit geringerer Explosionskraft für die existierenden Marschflugkörper. Für einen militärischen Ausbau gibt es erhebliche politische und finanzielle Hürden: Frankreich lehnt traditionell jede Abhängigkeit seines Nuklearprogramms von Drittstaaten ab (vgl. Wachs und Horovitz 2023, S. 2), was auch eine ausländische Finanzierung miteinschließt. Eine nationale Ausweitung des Nukleararsenals ginge jedoch auf Kosten der konventionellen Rüstung. Eine gemeinsame Finanzierung über EU-Instrumente wäre vermutlich denkbar. Zudem ist die innenpolitische Zukunft Frankreichs ungewiss: Ein Wahlerfolg des *Rassemblement National* könnte die Idee erweiterter Abschreckung zugunsten europäischer Staaten völlig delegitimieren, wie deren Vorsitzende Marine Le Pen klarstellte: „The French nuclear deterrent must remain a French nuclear deterrent. It must not be shared, let alone delegated" (zit. nach Solletty 2025). Ähnlich positionierten sich auch andere rechtspopulistische Parteien in Europa, etwa die AfD, die sich positiv zu nationalen Nuklearwaffen als Zeichen von militärischer Stärke und internationalem Prestige zeigt, jedoch nicht gewillt wäre, die Abschreckung auf andere Staaten auszuweiten oder gar Kontrolle über Nuklearwaffen aus nationaler Hand zu geben.

In diesem Kontext muss betont werden, dass eine starke konventionelle Verteidigung der effektivste Weg bleibt, um Situationen zu vermeiden, in denen eine nukleare Eskalation überhaupt relevant wird. Eine Reduzierung der konventionellen Rolle Frankreichs im Namen der Investition in nukleare Fähigkeiten wäre kontraproduktiv. Eine tiefere konventionelle Einbindung Frankreichs – etwa durch Truppenpräsenz in Polen statt wie bisher in Rumänien – könnte die Glaubwürdigkeit französischer Nukleardrohungen stärken.

8   Diplomatische Flankierung

Eine deutliche Stärkung der europäischen nuklearen Abschreckung wäre nicht ohne erhebliche negative Nebenwirkungen. Neben den finanziellen Belastungen würde eine solche Aufrüstung unter französischer Kontrolle – ähnlich dem derzeitigen Ausbau des chinesischen Nukleararsenals – einen Beitrag zu globalen nuklearen Rüstungsspiralen leisten, wenn auch in begrenzterem

Umfang. Die stärkere Betonung substrategischer Waffen in Verteidigungsplänen erschwert zudem deren spätere Einbindung in ein zukünftiges Rüstungskontrollregime. Nationale Alleingänge und mangelnde Transparenz drohen zudem, den gesellschaftlichen Zusammenhalt wie auch die europäische Verteidigungsgemeinschaft und Koordination in der NATO zu untergraben. Das wahrscheinlichste Risiko bliebe jedoch eine ineffiziente Verwendung finanzieller Ressourcen sowie politische Spannungen innerhalb der EU.

Darüber hinaus würde jede Form europäischer nuklearer Aufrüstung den ohnehin angeschlagenen Nichtverbreitungsvertrag (NPT) weiter belasten und der allgemeinen Verpflichtung zur Abrüstung unter Art. 6 zuwiderlaufen. Um schwerwiegende Brüche zu vermeiden, sollte Frankreich die Kontrolle über sein Arsenal behalten, wie es die USA und Russland in ihren Teilhaberegelungen tun. Gleichzeitig wäre es wichtig, durch gezielte diplomatische Initiativen das bestehende Tabu gegen den Einsatz von nuklearen Waffen diplomatisch zu stärken.

Ein zentrales Handlungsfeld liegt zudem im Risikomanagement. Während die USA hierfür über Jahrzehnte umfangreiche Strukturen aufgebaut haben, sind diese bislang in Europa wenig ausgeprägt. Der Aufbau direkter Kommunikationskanäle zu Russland – sowohl auf militärischer als auch auf politischer Ebene – sowie die sorgfältige Planung zur Begrenzung von Verstrickungsrisiken zwischen konventionellen und nuklearen Kräften, etwa im Fall von Angriffen auf Luftabwehrsysteme, Frühwarnkapazitäten oder Trägersysteme mit nuklearer Fähigkeit, wären erste wichtige Schritte. Parallel dazu sollte Europa eigene Positionen und Initiativen im Bereich der Rüstungskontrolle entwickeln.

9   Ethische Schlussüberlegungen und Politikempfehlungen

Nuklearwaffen sind nicht einfach normale Waffen mit größerer Explosivkraft – wie an dem seit 80 Jahren eingehaltenen Tabu gegen ihren Einsatz zu erkennen ist. Auch aus ethischer Sicht sind sie ein schwer zu beurteilendes Instrument der Sicherheitspolitik.

Einerseits haben sie sich als wirksames Mittel zur Abschreckung erwiesen – insbesondere in der Vermeidung großflächiger Kriege zwischen Großmächten – und tragen dadurch zur Vermeidung von Leid und Zerstörung bei. Auf der anderen Seite ermöglichen Sie Kriege auf den Gebieten von Staaten, die nicht über Nuklearwaffen verfügen und zeichnen sich durch fehlende Trennschärfe zwischen zivilen und militärischen Zielen mit langfristigen und globalen Folgen aus. Das ernstzunehmende Risiko einer globalen Katastrophe ist bei nuklearer Abschreckung kein Nebeneffekt, sondern gewollt und unvermeidbar.

Nukleare Arsenale sind auch mit enormen finanziellen Kosten, Umwelt- und Gesundheitsschäden und kumulativen Risiken für künftige Generationen verbunden (vgl. ICAN 2025). Die aktuellen Nuklearwaffen aller Staaten bauen auf dem Erbe von Nukleartests auf, die lebenslanges Leid und Krankheit an benachteiligten Minderheiten in Testgebieten verursacht haben. Zuletzt stellen sich Probleme aus demokratietheoretischer Sicht. Die Entscheidung über den Einsatz von Nuklearwaffen unterliegt einzelnen Individuen – den Staatsoberhäuptern oder Premierministern der Nuklearmächte. Für eine Kriegserklärung ist die Zustimmung des US-amerikanischen Senats beziehungsweise des französischen Parlaments notwendig, jedoch nicht für einen Nuklearwaffeneinsatz, obwohl dieser das ganze Land und sogar Bevölkerungen anderer Länder betrifft, von denen ihnen keine politische Legitimität delegiert wurde. Nicht zuletzt sind Diskussionen über Nuklearwaffen zusätzlich höchst intransparent, da viele Aspekte militärischer Geheimhaltung unterliegen.

Zusammenfassend betrachtet lassen sich folgende Politikempfehlungen formulieren:

- Politikerinnen und Politiker sollten nicht versuchen oder fordern, das US-amerikanische Nuklearsenal zu replizieren.
- Europäische Entscheidungsträgerinnen und -träger sollten stattdessen die Finanzierung neuer konventioneller Waffensysteme priorisieren, um Situationen zu vermeiden, in denen Nuklearwaffen relevant werden.

- Deutschland, Frankreich und Polen sollten zuerst politische Herausforderungen lösen, wie die Anpassung der französischen Doktrin, und gemeinsame Übungen verfolgen, um die Glaubwürdigkeit französischer nuklearer Abschreckung zu stärken.
- Investitionen in nukleare Systeme sollten durch Maßnahmen des Risikomanagements und der Stärkung des nuklearen Tabus begleitet werden.

Literatur

Acton, James. 2023. Two Myths about Counterforce. https://warontherocks. com/2023/11/two-myths-about-counterforce/. Zugegriffen: 14. Juli 2025.

Bundesregierung. 2025. Antrittsbesuch Kanzler Merz in Paris. https://www. bundesregierung.de/breg-de/aktuelles/merz-macron-2345836. Zugegriffen: 14. Juli 2025.

Elysee. 2020. Speech of the President of the Republic on the Defense and Deterrence Strategy. https://www.elysee.fr/en/emmanuel-macron/2020/02/ 07/speech-of-the-president-of-the-republic-on-the-defense-and-deterrence-strategy. Zugegriffen: 16. Mai 2025.

Horton, Alex und Hannah Natanson. 2025. Secret Pentagon Memo on China, Homeland Has Heritage Fingerprints. *The Washington Post*, 29. März 2025.

ICAN. 2025. The Cost of Nuclear Weapons. https://www.icanw.org/the_ cost_of_nuclear_weapons. Zugegriffen: 14. Juli 2025.

Kamp, Karl-Heinz. 2025. *Die nukleare Zeitenwende der NATO: Optionen zur Stärkung des Abschreckungspotenzials.* Berlin: Deutsche Gesellschaft für Auswärtige Politik.

Kofman, Michael, Anya Fink und Jeffrey Edmonds. 2020. Russian Strategy for Escalation Management: Evolution of Key Concepts. https://www. cna.org/reports/2020/04/DRM-2019-U-022455-1Rev.pdf. Zugegriffen: 16. Mai 2025.

Kristensen, Hans M., Matt Korda und Eliana Johns. 2023. French Nuclear Weapons, 2023. *Bulletin of the Atomic Scientists* 79 (4): 272–281.

Kristensen, Hans M., Matt Korda, Eliana Johns und Mackenzie Knight. 2024. United Kingdom nuclear weapons, 2024. *Bulletin of the Atomic Scientists* 80 (6): 394–407.

Messmer, Marion und Olivia O'Sullivan. 2025. The UK's Nuclear Deterrent Relies on US Support – but There Are No Other Easy Alternatives. https:// www.chathamhouse.org/2025/03/uks-nuclear-deterrent-relies-us-support-there-are-no-other-easy-alternatives. Zugegriffen: 14. Juli 2025.

Ministry of Foreign Affairs of the Russian Federation. 2024. Fundamentals of state policy of the russian federation on nuclear deterrence. https://www.mid.ru/en/foreign_policy/international_safety/1434131/. Zugegriffen: 14. Juli 2025.

Schepers, Névine. 2025. *Nukleare Abschreckung in Europa: Aktuelle Debatten*. Zürich: Center for Security Studies, Nr. 356.

Schneider, Jonas und Juliana Süß. 2025. *Russian Nuclear Weapons in Space? Potential Destructive Consequences in Space, Escalation on Earth, and Damage to Arms Control*. Berlin: SWP.

Solletty, Marion. 2025. Sharing France's Nuclear Umbrella? No Way, Says Le Pen. *POLITICO*, 1. März 2025.

Wachs, Lydia und Liviu Horovitz. 2023. *Frankreichs Atomwaffen und Europa: Optionen für eine besser abgestimmte Abschreckungspolitik*. Berlin: SWP.

Woolf, Amy. 2022. Nonstrategic Nuclear Weapons. Congressional Research Service. Congressional Research Service. https://www.congress.gov/crs-product/RL32572. Zugegriffen: 14. Juli 2025.

Xia, Lili, Alan Robock, Kim Scherrer, Cheryl S. Harrison, Benjamin Leon Bodirsky, Isabelle Weindl, Jonas Jägermeyr, Charles G. Bardeen, Owen B. Toon und Ryan Heneghan. 2022. Global Food Insecurity and Famine from Reduced Crop, Marine Fishery and Livestock Production Due to Climate Disruption from Nuclear War Soot Injection. *Nature Food* 3 (8): 586–596.

Die geplante Stationierung von US-Mittelstreckenraketen in Deutschland aus militärischer Perspektive

Uwe Hartmann

1 Die Rückkehr von Mittelstreckenraketen

Der britische Musiker John Watts, Kopf der Band Fisher Z, schrieb vor rund 45 Jahren die Hymne der damaligen Friedensbewegung für ihren Widerstand gegen die geplante Nachrüstung der NATO mit atomaren Mittelstreckenraketen. Das Lied heißt „Cruise Missiles" und beginnt mit folgenden Zeilen:

> „We share a common destination. Each person has their time to die. But men are speeding up their journey. By seeing what they can destroy with their Cruise missiles – We're living near those Cruise missiles – We're looking for those Cruise missiles – They're not five years away."

Tatsächlich kam es nicht zur Nachrüstung mit Pershing-II-Raketen und Cruise-Missiles, weil die Sowjetunion unter Michael Gorbatschow sich bereit erklärte, die in den 1970er-Jahren stationierten SS-20-Raketen zu verschrotten. Danach war Europa für mehrere Jahrzehnte frei von mit nuklearen oder konventionellen Sprengköpfen ausgestatteten Mittelstreckenraketen.

U. Hartmann (✉)
Oberst a.D. der Bundeswehr, Berlin, Deutschland

© Der/die Autor(en), exklusiv lizenziert an Springer Fachmedien Wiesbaden GmbH, ein Teil von Springer Nature 2025
I.-J. Werkner (Hrsg.), *Aufrüstung als europäische Friedensstrategie?*, Gerechter Frieden, https://doi.org/10.1007/978-3-658-49438-4_5

Im Frühjahr 2025 tourte die Band Fisher Z durch Deutschland. Erneut stimmte John Watts dieses Lied an, nicht ohne vorher darauf hinzuweisen, dass es heute mehr Mittelstreckenraketen als Gebrauchtwagen in England gäbe. Tatsächlich fand in der Zwischenzeit weltweit eine massive Aufrüstung im Bereich der Raketen mit einer Reichweite von 500 bis 5500 km statt. China, Nordkorea, Indien und Pakistan sowie der Iran verfügen über größere und weiterhin wachsende Arsenale (vgl. Schneider und Arnold 2024). Auch Russland hat, unter Verletzung des *Intermediate-Range Nuclear Forces Treaty* (INF-Vertrag) von 1987, ballistische Mittelstreckenraketen entwickelt und beschafft, woraufhin dieser Vertrag 2019 von den USA aufgekündigt wurde. Eine auch nuklear bestückbare Mittelstreckenrakete vom Typ *Oreschnik* haben die Raketenverbände der russischen Armee bereits auf Dnipro, die viertgrößte Stadt der Ukraine, abgefeuert. Neben der Zerstörung dürfte es Russland auch darum gegangen sein, die europäischen NATO-Staaten, die bisher über keine Waffensysteme dieser Kategorie verfügen, einzuschüchtern.

Am 10. Juli 2024 veröffentlichten die Regierungen der USA und Deutschlands eine gemeinsame Erklärung über die Stationierung weitreichender Waffensysteme. Sie lautet:

> „Die Vereinigten Staaten von Amerika werden, beginnend 2026, als Teil der Planung zu deren künftiger dauerhafter Stationierung, zeitweilig weitreichende Waffensysteme ihrer Multi-Domain Task Force in Deutschland stationieren. Diese konventionellen Einheiten werden bei voller Entwicklung SM-6, Tomahawks und derzeit in Entwicklung befindliche hypersonische Waffen umfassen. Diese werden über deutlich größere Reichweite als die derzeitigen landgestützten Systeme in Europa verfügen. Die Beübung dieser fortgeschrittenen Fähigkeiten verdeutlichen die Verpflichtung der Vereinigten Staaten von Amerika zur NATO sowie ihren Beitrag zur integrierten europäischen Abschreckung." (Die Bundesregierung 2024)

Die Waffensysteme *Standard Missiles 6* (SM-6), *Tomahawks* (Marschflugkörper) und derzeit in Entwicklung befindliche hypersonische Waffen (*Dark Eagle*) fliegen mit mehrfacher

Schallgeschwindigkeit und verfügen über Reichweiten zwischen 500 und 2750 Kilometern. *Dark Eagle*-Raketen sollen eine Geschwindigkeit von mindestens 6000 Stundenkilometern erreichen. Manche Analystinnen und Analysten sprechen sogar von einer 17-fachen Schallgeschwindigkeit, was mehr als 20.000 Kilometern in der Stunde entspricht. Im Unterschied zu den gegenwärtig verfügbaren landgestützten Systemen wie beispielsweise dem *Army Tactical Missile System* der US-Streitkräfte mit einer Reichweite bis zu 300 Kilometern können sie russisches Territorium einschließlich der Hauptstadt Moskau erreichen und angesichts ihrer enorm hohen Fluggeschwindigkeiten Ziele in wenigen Minuten zerstören.

Parallel dazu plant Deutschland, eigene Mittelstreckenraketen zu beschaffen. Dies hatte die Bundesregierung unter Bundeskanzler Olaf Scholz bereits in der Nationalen Sicherheitsstrategie 2023, die unter dem Eindruck des russischen Angriffskrieges gegen die Ukraine verfasst wurde, angekündigt (vgl. Die Bundesregierung 2023, S. 34). Abstandsfähige Präzisionswaffen sollen im Rahmen eines europäischen Rüstungsprogramms (*European Longrange Strike Approach*, ELSA) entwickelt und produziert werden. Daneben wird auch die bodengebundene Luftverteidigung im Rahmen der *Sky Shield Initiative* ausgebaut; diese soll auch über Fähigkeiten zur Abwehr ballistischer Raketen verfügen. Bisher nehmen 24 europäische Staaten daran teil.

2   Eine neue Debatte über Mittelstreckenraketen

Die Ankündigung über die Stationierung von US-amerikanischen Mittelstreckenraketen löste eine Debatte in Deutschland aus, die im Unterschied zur NATO-Nachrüstung in den 1980er-Jahren fast ausschließlich in Expertenkreisen geführt wird. Den Aufschlag lieferte der pensionierte Berufsoffizier Wolfgang Richter (2024, vgl. auch 2025). Seine im Auftrag der Friedrich-Ebert-Stiftung verfasste Stellungnahme betont die Gefahren einer auf Fehleinschätzung beruhenden, auch atomaren Eskalation. Ursächlich

dafür seien insbesondere die schnellen Flugzeiten mit den dadurch verkürzten Vorwarn- und Reaktionszeiten. Er hält eine Stationierung US-amerikanischer Mittelstreckenraketen in Deutschland für nicht erforderlich, da es ausreichend see- und luftgestützte
Systeme in den NATO-Streitkräften gäbe. Er bemängelt, dass
Deutschland einziger Stationierungsort sei und sich als Angriffs-
ziel Russland singularisiere. Zudem wirft er der Bundesregierung
vor, den gesellschaftlichen Erklärungs- und Debattenbedarf nicht
erkannt zu haben und die Maßnahme wie einen exekutiven Ver-
waltungsakt zu behandeln. Im Mittelpunkt seiner Kritik steht die
aus seiner Sicht versäumte Chance, die Stationierung von Mittelstreckenraketen zu nutzen, um die brachliegende Rüstungskontrolle mit Russland wiederzubeleben.

Der Politikwissenschaftler Joachim Krause (2025) hält Mittelstreckenraketen dagegen für Schlüsselelemente einer glaubwürdi-
gen Abschreckung. Die Fähigkeit, flexibel und präzise zeit-
kritische Angriffe auf Hochwertziele in der Tiefe Russlands
durchzuführen, sei unverzichtbar, nicht zuletzt, um einer russischen Erpressung vorzubeugen und Einschüchterungsversuchen
zu widerstehen. Auch ohne die Stationierung von Mittelstreckenraketen sei Deutschland wegen seiner Rolle als Drehscheibe der
Logistik für die NATO besonders bedroht. An einer Wiederbelebung der Rüstungskontrolle habe Russland kein Interesse. Insgesamt sei die Kriegsgefahr in Europa ohne die Stationierung von
Mittelstreckenraketen höher.

Beide Stellungnahmen gehen allerdings kaum auf die militärische Lage an der NATO-Ostflanke ein. In der Glaubwürdigkeit
der konventionellen Abschreckung liegt der wesentliche Grund
für die Entscheidung Deutschlands, US-Mittelstreckenraketen zu
stationieren und parallel dazu eigene Waffensysteme zu entwickeln und zu beschaffen (vgl. Bartels und Glatz 2025).

3   Militärische Lage an der NATO-Ostflanke

Russland hat im Oblast Kaliningrad seine modernste *Anti-
Access/Area Denial* (A2AD)-Zone eingerichtet, mit der es große
Teile Polens, des Baltikums sowie der Ostsee abdeckt und den

Zugang von NATO-Streitkräften be- und verhindern kann. Sie umfasst mobile S-300- und S-400-Flugabwehrsysteme, das mobile Küstenverteidigungssystem K-300P Bastion, mobile ballistische Kurzstreckenraketen vom Typ Iskander-M und Marschflugkörper vom Typ Iskander-K, U-Boote der Kilo-Klasse mit Kalibr-Marschflugkörpern sowie Mittel zur elektronischen Kriegführung. Mit den dort stationierten Kurzstreckenraketen bedroht Russland die Hauptstädte Warschau und Berlin. Sieht man von Spanien und Portugal ab, liegen alle Hauptstädte Europas im Wirkungsbereich russischer Mittelstreckenraketen.

Die A2AD-Zone in Kaliningrad stellt für die Verteidigung der NATO-Mitgliedsstaaten an der NATO-Ostflanke eine große Herausforderung dar. In den drei baltischen Staaten Estland, Lettland und Litauen sind seit 2016 NATO-Streitkräfte in Bataillonsstärke disloziert. Deren Auftrag ist es unter anderem, den Zugang für Verstärkungskräfte der NATO (früher *NATO Response Force*, heute *Allied Reaction Force*) offenzuhalten, die für die Verteidigung des Baltikums gegen einen russischen Angriff erforderlich wären. Deshalb haben die Ostseezugänge sowie die 70 km breite Landbrücke zwischen Belarus und Kaliningrad im Nordosten Polens beziehungsweise Südwesten Litauens (*Suwalki Gap*) (militär-)strategische Bedeutung.

Mit der Errichtung der A2AD-Zone in Kaliningrad verfügt Russland über die Fähigkeit, die Verlegung von NATO-Streitkräften zur Unterstützung der im Baltikum stationierten eigenen Kräfte mit Distanzwaffen zu verzögern und gegebenenfalls sogar gänzlich zu verhindern. Die eigenen Kräfte im Baltikum könnten dann weder ausreichend verstärkt noch versorgt werden. Schnell würden sie als Geiseln und damit als Faustpfand für Verhandlungen genutzt werden. Russland dürfte sogar darauf hoffen, dass bereits während des Marsches zugefügte Verluste die Bevölkerungen in den postheroischen westeuropäischen Gesellschaften dazu veranlassen würden, Druck auf ihre Regierungen auszuüben, damit diese ihren Bündnisverpflichtungen gemäß Art. 5 des NATO-Vertrages nicht mehr nachkommen. Damit wäre die Existenz der NATO gefährdet. Dazu trüge auch bei, dass angesichts der geringen Personalbestände in vielen europäischen Freiwilligenarmeen ein Personalersatz zum Ausgleich von Verlusten kaum möglich wäre. All dies könnte Russland zu der Fehlkalkulation verleiten, dass europäische Staaten nicht in der Lage und auch nicht bereit wären, die Verteidigung der NATO-Ostflanke über einen längeren Zeitraum aufzunehmen beziehungsweise fortzusetzen. Mit den Mitteln der hybriden Kriegführung versucht Russland schon heute, die Verteidigungsbereitschaft in den westlichen Demokratien zu untergraben.

Die Streitkräfte Russlands bereiteten sich bereits während des Manövers ZAPAD 2017 auf ein derartiges Szenario vor. Es sah den Angriff auf die baltischen Staaten sowie auf Finnland vor. Zeitgleich wurden das *Suwalki-Gap* eingenommen und die Ostseezugänge in Skandinavien gesichert. Für den Herbst 2025 ist eine Wiederholung von ZAPAD geplant. Russland könnte dieses Manöver als Deckmantel für einen Angriff nutzen und dadurch auch Belarus in den Konflikt mit der NATO hineinziehen. Davor warnen mehrere sicherheitspolitische Expertinnen und Experten. Der Militärhistoriker Sönke Neitzel (2025) sprach in Interviews sogar vom „letzten Sommer im Frieden". Im Unterschied zu 2017 könnte Russland heute auf eine Kriegswirtschaft zurückgreifen sowie auf eine resiliente, an hohe personelle und materielle Verluste gewöhnte Bevölkerung bauen. Da Russland über ein enormes Potenzial an Atomwaffen verfügt, das jeden Gegner vor Offensiven auf russisches Territorium abschreckt, dürfte selbst eine militärische Niederlage in einem Krieg mit der NATO nicht die Existenz Russlands gefährden.

4   Die (militär-)strategische Notwendigkeit von Mittelstreckenraketen

Angesichts dieser (militär-)strategischen Lage ist die Stationierung von US-amerikanischen Mittelstreckenraketen und der beschleunigte Aufbau europäischer Fähigkeiten in mehrfacher Hinsicht wichtig: Sicherheitspolitisch senden sie das Signal der Geschlossenheit aller NATO-Partner, auch der USA. Deutschland, das für die Verlegung von Verstärkungskräften als Drehscheibe der Logistik dient, unterstreicht damit seine Verlässlichkeit als

Bündnispartner. Die zeitnahe Stationierung von US-amerikanischen Mittelstreckenraketen und die bereits initiierte Entwicklung vergleichbarer europäischer Waffensysteme stärken die Glaubwürdigkeit der Abschreckung, weil Russland erkennt, dass alles getan wird, um NATO-Partner im Falle eines Angriffs mit konventionellen Verstärkungskräften zu unterstützen. Operativ sind sie wichtig, weil sie ermöglichen, zielgenau russische Fähigkeiten in Kaliningrad und an anderen Orten in der Tiefe Russlands auszuschalten oder herangeführte russische Angriffs- und Verstärkungskräfte so zu verzögern und in ihrer Schlagkraft zu mindern, dass NATO-Kräfte mit Erfolg die NATO-Ostflanke verteidigen können.

Gäbe es Alternativen dazu? Luft- und seegestützte Systeme wären nicht flexibel und schnell genug einsetzbar, um die russischen Fähigkeiten in A2AD-Zonen oder weiter im Landesinnern gelegene Stellungen für den Abschuss von Mittelstreckenraketen auszuschalten. Eine Wiederbelebung von Konzepten der NATO aus der Zeit des Kalten Krieges trüge keinesfalls zu einer glaubhafteren Abschreckung bei. Panzerraids wären genauso abwegig wie Luftlandeoperationen. Der *Follow-on-Forces-Attack* (FOFA) der 1980er-Jahre sah einen Angriff der NATO-Luftstreitkräfte auf die zweite strategische Staffel des Warschauer Paktes vor, um diese vor Eintritt in die entscheidende Phase des Krieges abzunutzen und, wenn möglich, zu zerschlagen. In den 1990er-Jahren wurden Konzepte für den Einsatz von Kampfhubschraubern für Angriffe in der Tiefe (*deep attacks*) beispielsweise auf gepanzerte Verbände oder Gefechtsstände von Gegnern erarbeitet. Solche Überlegungen scheiden heute wegen der zu erwartenden Verluste aus. Daher wäre eine Konditionierung der Stationierung bodengebundener Mittelstreckenraketen mit erfolglosen Rüstungskontrollgesprächen nicht sinnvoll. Die NATO hat kein Interesse und darf keines daran haben, auf Mittelstreckenraketen zu verzichten, weil sonst ihre Verteidigungspläne unglaubwürdig wären und die Abschreckung versagen würde. Gleichwohl ist eine Wiederbelebung der Rüstungskontrolle mit Russland nicht gänzlich ausgeschlossen. Diese müsste allerdings die russischen A2AD-Fähigkeiten mit umfassen.

5   Handlungsempfehlungen

Die Stationierung von US-amerikanischen sowie die Entwicklung
und Beschaffung europäischer Mittelstreckenraketen wurden bereits von der vorherigen Bundesregierung beschlossen. Die neue
Regierung unter Bundeskanzler Friedrich Merz wird diesen Be-
schluss nicht zurücknehmen. Auch die neue US-Administration
unter Präsident Donald Trump sendete bisher keine Signale, die
auf eine Rücknahme der Stationierungsentscheidung hindeuten
könnten. Für deren Umsetzung besteht allerdings noch Hand-
lungsbedarf:

(1) Verbesserte strategische Kommunikation: Der Kritik an der
    regierungsseitigen Kommunikation über die Stationierung ist
    insofern recht zu geben, als die Bürger und Bürgerinnen
    Deutschlands kaum über die Rolle, die ihr Land in den
    NATO-Planungen für die Bündnisverteidigung spielt, infor-
    miert sind und sie dies auch beklagen. Defizite bestehen hin-
    sichtlich der Aufgaben der Brigade 45 in Litauen, der Bedeu-
    tung einer Wehrpflicht für den Personalbestand und -ersatz
    der Bundeswehr, der Rolle Deutschlands als Drehscheibe der
    Logistik und eben auch der militärstrategischen Bedeutung
    von Mittelstreckenraketen. Die bisherige regierungsseitige
    Argumentation, dass Mittelstreckenraketen stationiert wer-
    den müssten, um Fähigkeitslücken zu schließen und die Ab-
    schreckung zu erhöhen, ist zu abstrakt. Zu beachten ist
    zudem, dass die Angst in der Bevölkerung vor einem ge-
    gebenenfalls auch mit Atomwaffen geführten Krieg wieder
    deutlich gestiegen ist (vgl. Graf 2024). Deutlich ist zu unter-
    streichen, dass es sich bei den US-amerikanischen und künf-
    tigen europäischen Mittelstreckenraketen um konventionelle
    und nicht, wie bei der NATO-Nachrüstung vor rund 40 Jah-
    ren, um nukleare Waffensysteme handelt.
(2) Entscheidungsbefugnisse über den Einsatz von Mittel-
    streckenraketen: Die US-amerikanischen Mittelstrecken-
    raketen werden in die in Wiesbaden stationierte *Multi-
    Domain Task Force* eingegliedert werden. Sie stehen damit

unter nationalem Führungsvorbehalt. Gleichwohl sind Verfahren innerhalb der NATO zu vereinbaren, wie deren Einsatz mit den Verbündeten zu koordinieren und in den Aufklärungsverbund zu integrieren ist. Dies trifft auch auf die zu entwickelnden und zu beschaffenden Waffensysteme der europäischen Bündnispartner zu.

(3) Handlungsfähigkeit der Regierung: Angesichts der kurzen Vorwarn- und Reaktionszeiten sind Verfahren zu vereinbaren und zu üben, um die Handlungsfähigkeit der Politik bei Angriffen mit Raketen sicherzustellen. Wie komplex und zeitkritisch die dafür notwendigen Schritte sind, stellte kürzlich Annie Jacobsen (2024) an den US-Verfahren im Falle eines Angriffs mit atomaren Interkontinentalraketen dar.

(4) Wiederbelebung der Rüstungskontrolle: Russland könnte ein Interesse an neuen Rüstungskontrollvereinbarungen entwickeln, wenn die NATO und deren Mitgliedsstaaten einen technologischen Vorsprung bei den Mittelstreckenraketen, der Aufklärung potenzieller Ziele und dem Schutz vor gegnerischen Raketen erzielten. Die Tür zur Rüstungskontrolle ist daher offen zu halten.

(5) Verbesserte Luftverteidigung: Um die Handlungsfähigkeit des Staates, insbesondere seiner Regierung, sowie den Bevölkerungsschutz sicherzustellen, ist die Verteidigung gegen Angriffe aus der Luft schnellstens zu verbessern. Ein vollumfänglicher Schutz für das gesamte NATO-Bündnisgebiet und selbst für Deutschland allein wäre allerdings nicht finanzierbar und auch technisch nicht möglich. Der Ausbau der bodengebundenen Luftverteidigung ist daher keine Alternative zur Stationierung von Mittelstreckenraketen. Gleichwohl bieten auch die schnellsten und präzisesten Raketen keine Garantie, gegnerische Stellungen zu zerstören, bevor diese ihre Waffen auslösen können.

(6) Ausbau des Zivilschutzes: Deutschland hat im Zuge der Friedensdividende auch den Zivilschutz über Jahrzehnte hinweg vernachlässigt. Es gibt kaum ausgewiesene Schutzräume (vgl. Tiesler 2025), was, wie es auch im Lied von Fisher Z anklingt, Spaltungen innerhalb der Gesellschaft begünstigt („They're building shelters for the privileged. There won't be

room for you and me") und deren Resilienz untergräbt. Die Konzeption Zivile Verteidigung stammt noch aus dem Jahre 2016 und stieß bei der Veröffentlichung auf wenig Resonanz, teilweise sogar auf Sarkasmus wegen des Appells an die Privathaushalte, bestimmte Vorräte einzulagern. Überhaupt ist die Dokumentenlage unübersichtlich und nicht widerspruchsfrei (vgl. Weinheimer 2022; Nerger 2025). Die Bedrohung durch Mittelstreckenraketen mit sehr kurzen Vorwarn- und Reaktionszeiten erfordert Schutzmaßnahmen wie beispielsweise die Vorbereitung von U- und S-Bahnstationen für Schutzsuchende. Warn-Apps sollen auch über drohenden Raketenbeschuss informieren und auf nächstgelegene Schuträume hinweisen. Aber auch die Selbstverantwortung der Bürgerinnen und Bürger für den Eigenschutz sowie ihr Engagement für die Gesamtverteidigung Deutschlands sind zu stärken. Dies entlastet die Akteure im Zivilschutz sowie in der Zivilen Verteidigung zur Unterstützung der NATO-Streitkräfte. Eine resiliente Gesellschaft ist zudem ein weiterer wichtiger Baustein für eine glaubwürdige Abschreckung.

Die Stationierung von zunächst US-amerikanischen und später europäischen Mittelstreckenraketen ist unverzichtbar für den Erfolg einer auf Abschreckung beruhenden Friedensstrategie für Europa. Daher ist es nicht abwegig, einen Angriff Russlands auf einen Verbündeten noch vor Beginn der Stationierung von Mittelstreckenraketen nicht auszuschließen. Wie im Kalten Krieg, so ist diese Abschreckungsstrategie auch heute mit Risiken verbunden, die politisch eingehegt werden müssen. Zurecht weisen Jonas Schneider und Torben Arnold (2024, S. 3) auf eine „verminderte Krisenstabilität" hin, also das verfrühte militärische Eskalieren Russlands aus Angst vor einem entscheidenden Überraschungsangriff der Nato". Raketen wie die *Dark Eagle* können „russisches Kernland in wenigen Minuten erreichen, und infolge der Manövrierfähigkeit sei für Moskau unklar, ob der Angriff eventuell Russlands nuklearem Vergeltungspotenzial gelte. Dadurch entstünden in Krisen Anreize für den Kreml, das eigene Atomarsenal frühzeitig einzusetzen, bevor NATO-Raketen es zerstören". Ferner könne Moskau nicht wissen, ob anfliegende Mittelstreckenraketen nicht doch mit atomaren Gefechtsköpfen ausgestattet sind. Um Risiken der Abschreckungsstrategie zu reduzieren, sollte Deutschland in Abstimmung mit den NATO-Partnern die Bereitschaft kommunizieren, auf Angebote Russlands für die Aufnahme von Rüstungskontrollgesprächen einzugehen. Angesichts der Risiken, die mit Mittelstreckenraketen auf beiden Seiten verbunden sind, sowie des Technologievorsprungs der USA und Europas könnte auch Russland ein Interesse daran haben. Die USA dürften wegen der Fokussierung auf China und dessen Mittelstreckenraketenprogrammen und A2AD-Kapazitäten wohl zustimmen.

Demonstrationen gegen die Stationierung von Mittelstreckenraketen wie in den 1980er-Jahren würden die Gesamtverteidigung Deutschlands untergraben. Daher ist es wichtig, zum einen das militärstrategische Rational hinter der Stationierungsentscheidung in die Öffentlichkeit hinein zu kommunizieren und zum anderen die Bedeutung von Resilienz und Zivilschutz für die Glaubwürdigkeit der Abschreckung zu betonen.

Literatur

Bartels, Hans-Peter und Rainer Glatz. 2025. Konventionelle Abschreckung erfordert Glaubwürdigkeit. In *Die Debatte um US-Mittelstreckenraketen in Deutschland. Sicherheitspolitische Weichenstellungen der Jahre 2024/2025*, hrsg. von Johannes Varwick, 65–68. Opladen: Barbara Budrich.

Die Bundesregierung. 2023. *Wehrhaft. Resilient. Nachhaltig. Integrierte Sicherheit für Deutschland. Nationale Sicherheitsstrategie*. Berlin: Auswärtiges Amt.

Die Bundesregierung. 2024. Gemeinsame Erklärung der Regierungen der Vereinigten Staaten von Amerika und der Bundesrepublik Deutschland zur Stationierung weitreichender Waffensysteme in Deutschland. https://www.bundesregierung.de/resource/blob/975226/2298418/3505cf65bba4144bfb2c076c953b2d05/2024-07-10-gemeinsame-erklaerung-usa-ger-nato-gipfel-data.pdf?download=1. Zugegriffen am 10. Juni 2025.

Graf, Timo. 2024. *Zwischen Kriegsangst und Kriegstauglichkeit Sicherheits- und verteidigungspolitisches Meinungsbild in der Bundesrepublik Deutschland 2024*. Potsdam: ZMSBw.

Jacobsen, Annie. 2024. *72 Minuten bis zur Vernichtung. Atomkrieg. Ein Szenario*. München: Heyne.

Krause, Joachim. 2025. Wie gefährlich ist die geplante Stationierung amerikanischer Mittelstreckenraketen in Deutschland? In *Die Debatte um US-
Mittelstreckenraketen in Deutschland. Sicherheitspolitische Weichenstellungen der Jahre 2024/2025*, hrsg. von Johannes Varwick, 41–57. Opladen: Barbara Budrich.

Neitzel, Sönke. 2025. „Das könnte unser letzter Sommer im Frieden sein".
Interview vom 22. März 2025. https://www.bild.de/politik/inland/putin-
angriff-historiker-warnt-koennte-letzter-friedenssommer-sein-
67d84e9a7de6aa748383cded. Zugegriffen am 10. Juni 2025.

Nerger, Uwe. 2025. *Resilienz stärken! Was ist nun zu tun? Über die Bedeutung von Resilienz für die Gesamtverteidigung Deutschlands.* Berlin:
Miles-Verlag.

Richter, Wolfgang. 2024. *Stationierung von U.S. Mittelstreckenraketen in
Deutschland. Konzeptioneller Hintergrund und Folgen für die europäische Sicherheit.* Wien: Friedrich-Ebert-Stiftung.

Richter, Wolfgang. 2025. Stationierung von U.S. Mittelstreckensystemen in
Deutschland. Konzeptioneller Hintergrund und Folgen für die europäische Sicherheit. In *Die Debatte um US-Mittelstreckenraketen in Deutschland. Sicherheitspolitische Weichenstellungen der Jahre 2024/2025*, hrsg.
von Johannes Varwick, 15–40. Opladen: Barbara Budrich.

Schneider, Jonas und Torben Arnold. 2024. Gewichtig und richtig: weitreichende US-Mittelstreckenwaffen in Deutschland. Berlin: SWP.

Tiesler, Ralph. 2025. „Nahezu jeder Keller kann zu einem sicheren Ort bei
Angriffen werden". Interview vom 5. Juni 2025. https://www.zeit.de/poli-
tik/deutschland/2025-06/ralph-tiesler-bbk-zivilschutz-bedrohung-
russland. Zugegriffen am 10. Juni 2025.

Weinheimer, Hans-Peter. 2022. Bevölkerungsschutz 2030 – Anleitung zur
Überwindung eines „bewährten" Systems. Berlin: Miles-Verlag.

Für eine Öffnung des Sicherheitsdilemmas

Pascal Delhom

1 Einleitung

Zwei Ereignisse prägen den aktuellen Sicherheitsdiskurs in Europa: Das erste ist der Angriffskrieg gegen die Ukraine, den Russland seit mehr als drei Jahren führt und durch den sich viele europäische Länder zu Recht bedroht fühlen. Das zweite ist die Wiederwahl Donald Trumps in den Vereinigten Staaten, die eine für verlässlich geglaubte Sicherheitsarchitektur mit erschreckender Effizienz einstürzen lässt. Damit hat sich die Hoffnung Europas, dass die Wahl Joe Bidens 2020 eine Rückkehr zu einer Normalität bedeutete, die nur vorübergehend gestört worden war, als eine Illusion erwiesen.[1]

Angesichts dieser Ereignisse befindet sich die europäische Sicherheitspolitik in einem Dilemma. Denn sie muss versuchen, zwei widersprüchliche Annahmen zu vereinbaren: Die erste besagt, dass die einzige vertretbare Sicherheitspolitik für Europa

---

[1] Dieser Beitrag basiert auf einem Text im Working Paper „Aufrüstung für den Frieden – zum Paradox der europäischen Sicherheitspolitik" (Delhom 2025).

P. Delhom (✉)
Europa-Universität Flensburg, Flensburg, Deutschland
E-Mail: delhom@uni-flensburg.de

© Der/die Autor(en), exklusiv lizenziert an Springer Fachmedien Wiesbaden GmbH, ein Teil von Springer Nature 2025
I.-J. Werkner (Hrsg.), *Aufrüstung als europäische Friedensstrategie?*, Gerechter Frieden, https://doi.org/10.1007/978-3-658-49438-4_6

gegenüber Russland eine Politik der Abschreckung ist, und die zweite stellt fest, dass die notwendigen Bedingungen einer solchen Sicherheitspolitik nicht mehr gegeben sind. Der mächtige Partner nämlich, auf den sich Europa seit dem Ende des Zweiten Weltkrieges verlassen hat und noch verlässt, ist nicht mehr verlässlich. Die erste Annahme scheint für viele Menschen so offensichtlich zu sein, dass sie kaum besprochen zu werden braucht. Wladimir Putin versteht nur die „Sprache" der Macht und der Gewalt, heißt es, und jede Form der Kooperation ist unter diesen Umständen zum Scheitern verurteilt. Die zweite Annahme wird viel mehr und zum Teil kontrovers diskutiert. Denn die Lösung des Problems, das sie formuliert (die Bedingungen der Abschreckung sind nicht mehr gegeben), scheint der einzige Schlüssel zur Lösung des europäischen Sicherheitsdilemmas zu sein. Eine solche Lösung bewegt sich zwischen dem Festhalten an einer schwierigen Vertrauensbeziehung zu den Vereinigten Staaten und der Notwendigkeit der Aufrüstung Europas, um ein eigenes – vielleicht sogar ein eigenständiges – Abschreckungspotenzial aufzubauen. Doch die Frage stellt sich, ob die verschiedenen Varianten dieser Lösung erstens *möglich* und zweitens *wünschenswert* sind.

2   Möglichkeiten einer europäischen Sicherheit durch Abschreckung

In Bezug auf den ersten Teil der Frage müssen die Bedingungen betrachtet werden, unter denen eine europäische Sicherheitspolitik der Abschreckung möglich ist. Dies betrifft sowohl das Vertrauen gegenüber den Vereinigten Staaten wie auch die Möglichkeit einer eigenständigen europäischen Abschreckung.

Vertrauen erfolgt auf drei Ebenen, die jeweils die vorherige voraussetzen: Die Vertrauenden müssen erstens annehmen können, dass die andere Partei fähig ist zu handeln; sie müssen sich zweitens darauf verlassen können, dass die andere Partei so handelt, wie sie es von ihr erwarten; und sie müssen drittens vertrauen können – erst hier ist es sinnvoll, von Vertrauen zu sprechen –, dass sie auch in ihrem Sinne handeln wird. Handlungsfähigkeit,

Verlässlichkeit und Wohlwollen des anderen sind also die Bedingungen des eigenen Vertrauens. Im Fall der vereinigten Staaten von Donald Trump ist nur noch die erste Voraussetzung erfüllt. Was Trump allerdings tut und tun wird, ist kaum noch verlässlich vorauszusehen. Und dass er nicht verbindlich im Sinne seiner Alliierten handelt, hat er wiederholt durch Wort und Tat gezeigt. Dazu kommt, dass er innerhalb von sechs Monaten die rechtlichen und institutionellen Bindungen weitgehend außer Kraft gesetzt hat, die sein erratisches Verhalten hätten im Zaun halten können.[2] Es zählen nur noch die Macht der Mächtigen und die momentanen Launen der Launigen.

Ist aber eine Abschreckungspolitik Europas ohne die militärische Macht der Vereinigten Staaten möglich? Abschreckung besteht in der Androhung von Schäden, die höher sind als alle Vorteile, die sich ein potenzieller Angreifer durch seinen Angriff verschaffen würde. Diese Drohung ist wiederum nur wirksam, wenn die drohende Instanz glaubhaft machen kann, dass sie *fähig* und *willens* ist, sie im Fall eines Angriffs zu verwirklichen.

Eine solche *Fähigkeit* erfordert eine finanzielle, technische und personelle Ausstattung, ohne die keine militärische Handlung durchgeführt werden kann. Sie erfordert auch Akteure, die dem Zweck der Kriegführung dienen und diesem Zweck funktional angepasst sind: Armeen, politische Institutionen, Bündnisse usw. Die Erfüllung dieser Bedingungen ist das erklärte Ziel einer massiven Aufrüstung europäischer Länder und, für einige Länder, der Bildung einer gemeinsamen europäischen Verteidigung. Allerdings wissen alle Beteiligten, dass die Erreichung dieses Zieles nur unter erheblichen Anstrengungen und auch nicht schnell zu realisieren ist.

Ähnliches gilt für die zweite Bedingung der Abschreckungspolitik: die glaubhaft dargestellte *Bereitschaft* Europas, seine Drohungen im Fall eines Angriffs zu erfüllen und notfalls Krieg zu führen. Die Glaubwürdigkeit einer solchen Bereitschaft ist

---

[2]Dazu gehören die Aushöhlung der Gewaltenteilung in den USA (checks and balances) und der Austritt des Landes aus internationalen Verträgen und Institutionen.

umso wichtiger, als eine von Europa ausgehende Abschreckung nicht auf einer eindeutigen militärischen Überlegenheit beruht. Was hier also glaubwürdig vertreten werden muss, ist eine positive Einstellung zum Krieg als Option der Sicherheitspolitik. Eine solche Einstellung geht über punktuelle Entscheidungen hinaus und sie betrifft nicht nur Soldatinnen und Soldaten. In Demokratien muss die Bereitschaft, im Notfall Krieg zu führen, in der Bevölkerung fest verankert sein, auch wenn dies etwas kostet. Dies erfordert eine erworbene und kultivierte Disposition, eine „Tüchtigkeit",[3] wie Aristoteles gesagt hätte, zur militärischen Verteidigung. Die Europäer müssen also „kriegstüchtig" werden, wie der deutsche Verteidigungsminister Boris Pistorius in Bezug auf die Deutschen wiederholt betonte. Auch dies bedarf einer tiefgreifenden Umstellung, besonders wenn der drohende Krieg nicht – wie alle Kriege mit europäischer Beteiligung in den letzten Jahrzehnten – im fernen Ausland und ohne allzu große Verluste geführt wird, sondern auf dem eigenen Boden. Unter diesen Bedingungen droht die Lösung des Sicherheitsdilemmas durch die Option der Abschreckung zu einer Sicherheitsfalle zu werden.

3   Sicherheitspolitik und Friedensorientierung

Doch auch wenn, trotz allem, eine eigenständige europäische Abschreckungspolitik möglich wäre, stellte sich eine weitere, für die inhaltliche Gestaltung der Sicherheit Europas noch gründlichere Frage: Ist sie wirklich die Politik, die Europa will und wollen kann? Diese Frage stellt sich mit besonderer Schärfe, sobald ihre *friedenspolitische* Relevanz berücksichtigt wird. Denn Abschreckung ist zwar eine Art der Sicherheits- und Verteidigungspolitik, aber nicht der Friedenspolitik. Sie führt, wenn sie konsequent durchgeführt wird, zu einer Neuauflage des Kalten Krieges, nicht zum Frieden. Und ein Kalter Krieg im Kontext einer multilateralen Welt(un)ordnung ist nicht weniger gefährlich als die

---

[3] So die Übersetzung des Griechischen *aretè* in der Nikomachischen Ethik von Aristoteles durch Frank Dirlmeier.

Konfrontation von zwei Blöcken, die Europa schon kennt. Die Beantwortung dieser Frage kann von der europäischen Erfahrung der jüngeren Geschichte profitieren. Neben der bedrohlichen Unsicherheit des Kalten Krieges sollten hier zwei Lehren besonders berücksichtigt werden:

Die erste bezieht sich auf die west-europäische Erfahrung eines dauerhaften Friedens nach dem Zweiten Weltkrieg. Denn dieser Frieden zwischen den Staaten Westeuropas, die vorher regelmäßig und seit Jahrhunderten Krieg gegeneinander geführt hatten, wurde nicht durch die abschreckende Androhung von Gewalt gesichert, auch nicht durch eine umfassende politische Institution mit einem Monopol legitimer Gewalt, wie dies innerhalb der Nationalstaaten der Fall ist, sondern durch den ausdrücklichen Verzicht Europas auf Gewalt als Mittel der Lösung von Konflikten. Nicht Abschreckung also, sondern Kooperation war und ist noch der Schlüssel dieses Friedens. Und sie gewährt eine Sicherheit innerhalb Europas, die durch keine Abschreckung hätte annähernd erreicht werden können.

Die zweite Lehre ist der ersten sehr ähnlich. Sie verweist auf eine weitere prägende Erfahrung Europas: Auch die Sicherheitspolitik der Konferenz über Sicherheit und Zusammenarbeit in Europa (KSZE), die eine wichtige Rolle bei der gewaltarmen Wende am Ende des Kalten Krieges gespielt hat, hatte den ausdrücklichen Verzicht auf Gewalt als Mittel der Konfliktlösung zum Leitprinzip. Auch hier wurde Sicherheit nicht durch Abschreckung, sondern durch Kooperation erzielt. Dass diese Politik nach den 1990er-Jahren nicht fortgeführt wurde, ist keine Naturnotwendigkeit. Es ist das Ergebnis von Entscheidungen und Entwicklungen auf beiden Seiten eines sich verschärfenden Konflikts. Die Politik der Kooperation war aber erfolgreich, solange sie wirklich geführt wurde. Und Europa hat sich nie so sicher gefühlt wie in den frühen 1990er-Jahren.

In beiden Fällen waren die beteiligten Akteure keine Freunde. Das Vertrauen zwischen ihnen musste erst gebildet werden. Der historische Hintergrund ihrer sich langsam festigenden Kooperation war im ersten Fall ein Weltkrieg mit der bedingungslosen Kapitulation der einen Seite, und im zweiten Fall ein Kalter Krieg. Im Fall der KSZE fanden sogar die ersten Gespräche zur Vorbereitung der Konferenz von 1973 bis 1975 in Helsinki bereits 1969 statt, das heißt weniger als ein Jahr nach dem Einmarsch sowjetischer Truppen in Prag 1968. Kooperation ist also keine Sicherheitspolitik für ruhige Zeiten, die aufgegeben werden muss, sobald Konflikte ernster werden. Sie kann im Gegenteil einen Weg zeichnen – wenn auch einen mühsamen Weg –, um die Spirale der Gewalt zu überwinden, die für alle Beteiligten zur existenziellen Bedrohung wird.

Wichtig für eine solche Sicherheitspolitik der Kooperation, das heißt für eine Sicherheitspolitik im Sinne des Friedens, ist die Frage nach den Bedingungen, unter denen sie möglich gewesen ist und wieder möglich werden könnte. Solche Bedingungen sind nicht einfach gegeben. Sie mussten damals und müssten heute *gestiftet* werden. Eine dieser Bedingungen ist das Vertrauen, das unter Kooperationspartnern gebildet und andauernd gepflegt werden muss. Es erfordert einerseits von jeder Seite, auf ein gewisses Wagnis einzugehen, das darin besteht, nur so viel Misstrauen wie nötig, dafür so viel Vertrauen wie möglich zu schenken. Dadurch machen sie sich zu einem gewissen Grad verletzlich. Sie schaffen aber auch die Bedingungen dafür, einen Frieden *mit* den anderen und nicht nur eine Sicherheit gegen sie zu etablieren, was noch risikoreicher ist. Kooperation erfordert andererseits von allen Beteiligten, dass sie sich selbst als vertrauenswürdig erweisen, auch wenn dies etwas kostet. Wie die Bereitschaft zur Kriegführung ist eine solche Bereitschaft zum Vertrauen und zur Kooperation eine „Tüchtigkeit", die erworben und kultiviert werden muss. Ob Europa dazu bereit ist, ist eine der Fragen, die darüber entscheiden, ob es auch „friedenstüchtig" sein kann.

4   Friedensethische Beunruhigung

Warum sollte allerdings eine Sicherheitspolitik im Sinne des Friedens geführt werden? Dies ist nicht nur eine politische, sondern eine ethische Frage. Sie wird auf besonders einprägsame Weise durch den Philosophen Emmanuel Levinas in einem Text über den Frieden Europas gestellt: „Frieden und Nähe". Darin verweist Levinas (2007, S. 141) auf die biblische Geschichte Jakobs, der im Kapitel 32 der Genesis von der Nachricht der Ankunft seines Bruders Esau mit vierhundert Mann sehr beunruhigt ist:

> „Vers 8 lehrt uns: ‚Jaakob fürchtete sich sehr, ihm wurde bang.‘ Welchen Unterschied gibt es zwischen Furcht und Bangen? Der rabbinische Kommentator, der berühmte Rachi erläutert für uns: Er fürchtete sich vor seinem Tod, aber ihm wurde bange, dass er vielleicht zu töten haben würde."

Nach Levinas ist die ethische Frage über Krieg und Frieden nicht, ob wir bereit sind – wie dies meistens formuliert wird – für unser Land, für andere Menschen oder für unsere Werte zu sterben. Dies ist eine existenzielle Frage. Die ethische Frage ist, ob wir dafür zu töten bereit sind. Diese Frage stellt sich auch und vielleicht besonders in Zeiten, in denen Gewalt notwendig zu sein scheint. Ist ein solches Töten vereinbar mit den Werten, die Europa zu vertreten und zu verteidigen beansprucht? Ist es vereinbar mit der Universalität von Menschenrechten, die das Recht auf Leben beinhalten? Und inwiefern ist der Tod der anderen zur Erhaltung des eigenen Lebens zu legitimieren?

Die ethische Frage, die sich angesichts der Androhung eines Krieges stellt, geht aber noch über eine einmalige Entscheidung der Tötung hinaus. Sie fragt, ob wir bereit sind, die Bereitschaft zu töten so zu habitualisieren, dass sie im Denken als alternativlos, in den Handlungen als Dispositionen und im Diskurs sogar als eine Tugend erscheint. Anders als eine Fähigkeit, die noch nicht markiert ist, ist eine Disposition bereits eine Voreinstellung. Kriegstüchtigkeit wird durch militärische Übungen erworben und führt zum Krieg. Sie ist nicht mehr mit einer Einstellung vereinbar, dank der wir in Frieden leben und Konflikte ohne Gewalt zu lösen vermögen.

In seinem Text argumentiert Levinas nicht für einen gänzlichen Verzicht auf Gewalt. Er geht sogar in manchen Fällen von der Notwendigkeit von Gewalt für die Durchsetzung von Gerechtigkeit aus. Jakob wird ja nicht nur bange, dass er töten, sondern dass er *zu* töten *haben* könnte. Levinas plädiert aber dafür, dass diese Gewalt nie von der Beunruhigung befreit wird, töten haben zu müssen. Nur dieser Stachel verhindert die Etablierung eines

Krieges mit gutem Gewissen. Wer angesichts der eigenen Gewalt aufhört zu zögern, hat den Frieden aufgegeben.

In der gegenwärtigen Situation Europas bedeutet dies also nicht, dass jede Form des Krieges und der Aufrüstung als illegitim und friedensfeindlich verworfen werden muss. Die Ukraine hat das Recht, sich zu verteidigen, und ein Frieden unter der Bedingung ihrer Besetzung durch Russland wäre – jenseits aller positiven Merkmale eines Friedens, der diesen Namen verdient – auch nicht sicher.

Wenn Europa allerdings eine Sicherheitspolitik im Sinne des Friedens führen will, dann kann es sich mit einer Politik der Abschreckung allein nicht zufriedengeben. Beunruhigt durch die Notwendigkeit der eigenen Gewalt im Fall eines Krieges, muss es nach Alternativen suchen. Es muss sich darauf vorbereiten, die Gelegenheit einer solchen Alternative zu erkennen und zu ergreifen. Es muss aber auch selbst die Bedingungen schaffen, unter denen sie erfolgen kann. Es muss also Denkweisen, Dispositionen, Institutionen entwickeln und kultivieren, die ein Handeln im Sinne des Friedens in Sicherheit ermöglichen. Dabei kann es aus der eigenen Geschichte lernen. Der erste Schritt in diese Richtung müsste für Europa sein, dass es sich von der Einseitigkeit befreit, mit der es trotz aller Widersprüchlichkeiten heute versucht, das eigene Sicherheitsdilemma ausschließlich in Termini der Abschreckung zu lösen.

Literatur

Aristoteles. 1956. *Nikomachische Ethik*. Übers. von Frank Dirlmeier. Berlin: Akademie Verlag.
Delhom, Pascal. 2025. Für eine Öffnung des Sicherheitsdilemmas. *Heidelberger Forum zur Friedensethik* Nr. 7 (i.E.).
Levinas, Emmanuel. 2007. Frieden und Nähe. In *Verletzlichkeit und Frieden. Schriften über die Politik und das Politische*, hrsg. von Pascal Delhom und Alfred Hirsch, 137–149. Berlin: Diaphanes.

Friedensethische Reflexionen zur Logik der Aufrüstung und militärischen Abschreckung

Thomas Hoppe

1 Einleitung

Gegenwärtige friedens- und sicherheitspolitische Diskussionen lassen häufig den Eindruck entstehen, seit dem Angriff Russlands auf die benachbarte Ukraine stellten sich viele Fragen nach einem angemessenen Umgang mit dieser Situation grundsätzlich neu. Doch ist es wichtig, dabei die ethischen und politischen Lehren nicht zu vergessen, die sich aus der Verlaufsgeschichte des Kalten Krieges ergaben und bis heute nichts von ihrer Gültigkeit verloren haben. Die folgenden Überlegungen gelten daher der ethischen und politischen Signatur einer Weltordnung, die nach wie vor stark vom Prinzip militärischer Abschreckung geprägt ist, und den wichtigsten Problemen, die sie aufwirft beziehungsweise perpetuiert. Sie fragen sodann, wie sich diese entschärfen lassen, zumindest aber verhindert werden kann, dass sie sich noch zuspitzen. Leitend dabei sind Orientierungen, die sich aus dem Konzept des gerechten Friedens gewinnen und für die heutige Situation fruchtbar machen lassen.

T. Hoppe (✉)
Fakultät für Geistes- und Sozialwissenschaften, Helmut-Schmidt-Universität, Universität der Bundeswehr Hamburg,
Hamburg, Deutschland
E-Mail: hoppe@hsu-hh.de

© Der/die Autor(en), exklusiv lizenziert an Springer Fachmedien
Wiesbaden GmbH, ein Teil von Springer Nature 2025
I.-J. Werkner (Hrsg.), *Aufrüstung als europäische Friedensstrategie?*,
Gerechter Frieden, https://doi.org/10.1007/978-3-658-49438-4_7

75

2   Die ethische und politisch-strategische Problematik nuklearer Abschreckung

Mit dem Wort „Abschreckung" (*deterrence by denial/by punishment*) wird eine Strategie bezeichnet, das heißt eine planmäßige Vorgehensweise, die im Dienst einer Zielsetzung stehen muss. Diese lässt sich mit dem Begriff „Kriegsverhütung" beschreiben, sofern darin nicht nur militärische Aspekte gemeint, sondern auch die politischen Voraussetzungen gelingender Friedenssicherung mitgedacht sind. Grundlegend war eine Erkenntnis, die erstmals 1985 gemeinsam von US-Präsident Ronald Reagan und dem Generalsekretär der KPdSU Michail Gorbatschow formuliert worden war und in den letzten Jahren mehrfach von politischen Repräsentantinnen und Repräsentanten nuklear gerüsteter Staaten bekräftigt wurde: „Ein Atomkrieg kann nicht gewonnen und darf niemals geführt werden". Denn die Verheerungen, die er mit sich brächte, würden jede sinnvolle politische Zielbestimmung ad absurdum führen.

Das Konzept der Kriegsverhütung mittels nuklearer Abschreckungsdrohungen erwies sich jedoch als in mehrfacher Hinsicht problematisch. Seine Paradoxie besteht darin, dass es nur zu wirken scheint, wenn bei allen Konfliktbeteiligten davon auszugehen ist, dass sie im Ernstfall bereit wären, ihre nuklearen Potenziale trotz der zu erwartenden Folgen tatsächlich militärisch einzusetzen (vgl. Kissinger 1957). Dies wäre ethisch – und ebenso vom Standpunkt des Humanitären Völkerrechts aus – jedenfalls dann nicht zu rechtfertigen, wenn mit einem Einsatz zu rechnen wäre, der nicht nur eng auf militärische Ziele begrenzt und in seinen Auswirkungen strikt kontrollierbar bliebe. Eben dies aber ist wahrscheinlich, zumal in Anbetracht der Eskalationsrisiken, die nicht nur mit dem Durchbrechen der Nuklearschwelle per se verbunden wären, sondern vor allem mit den wechselseitigen Planungen, von denen für einen solchen Fall auszugehen ist.

Abschreckungsdrohungen gehen aus demselben Grund unvermeidlich mit einer hohen selbstabschreckenden Wirkung einher, die – unabhängig von den (rechts)ethischen Bedenken – das mit ihnen verbundene Risiko letztlich unkalkulierbar werden lässt.

Nur wenn sich generell von einem risikoaversen politischen Verhalten ausgehen ließe, könnte dieses Risiko hinnehmbar erscheinen. Doch diese Annahme erweist sich gerade in jüngster Zeit als zu fragwürdig, um auf sie bauen zu können. Außerdem bleiben selbst unter der Annahme eines allseitig hohen Interesses daran, einen Nuklearkrieg zu vermeiden, konstitutionelle Schwächen des Abschreckungssystems bestehen (vgl. Hoppe 2019), vor allem seine Fehleranfälligkeit in Bezug auf die Einschätzung von Krisenverläufen durch die beteiligten Akteure, aber auch in Anbetracht vielfältiger Möglichkeiten eines technischen Versagens – Fehlerquellen, die mehrfach während des Kalten Krieges nur mit viel Glück nicht zu einer nuklearen Katastrophe geführt haben (vgl. Kristensen et al. 2025). Selbst im Versuch, solche Risiken systematisch zu analysieren und zu vermindern, begegnet man Zielkonflikten, die zum Teil auf unterschiedlichen theoretischen Annahmen beruhen, bei denen sich ex ante kaum entscheiden lässt, welchen die höhere Plausibilität beziehungsweise Überzeugungskraft zuzusprechen ist (vgl. Pelopidas und Egeland 2024; Stokes et al. 2025; Schepers 2024).

Bereits in den Heidelberger Thesen von 1957 (zit. in Howe 1959) wurde auf mehrere dieser Probleme deutlich hingewiesen (vgl. v. a. Thesen VIII und IX), ebenso in der Pastoralkonstitution des Zweiten Vatikanischen Konzils „Gaudium et spes" (1965, vor allem Nr. 80) sowie in den Pastoralbriefen mehrerer nationaler katholischer Bischofskonferenzen aus dem Jahr 1983 (vgl. Baadte 1984; Sekretariat der Deutschen Bischofskonferenz 1983; Hoppe 1989).

3   Friedenspolitisch kontraproduktive Wirkungen von Rüstungskonkurrenz

Zugleich sind mit der Methode einer Kriegsverhütung durch Abschreckung weitere Probleme verbunden, die die Gefahr entstehen lassen, dass sie sich kontraproduktiv auswirkt – selbst wenn eine nukleare Komponente fehlt oder zumindest nicht im Vordergrund steht. Die hierfür entscheidenden Dynamiken wurden bereits durch das Zweite Vatikanische Konzil umrissen:

„[…] die Menschen sollten überzeugt sein, dass der Rüstungswettlauf, zu dem nicht wenige Nationen ihre Zuflucht nehmen, kein sicherer Weg ist, den Frieden zu sichern, und dass das daraus sich er-
gebende sogenannte Gleichgewicht kein sicherer und wirklicher
Friede ist. Statt dass dieser die Ursachen des Krieges beseitigt, drohen diese dadurch sogar eher weiter zuzunehmen. Während man
riesige Summen für die Herstellung immer neuer Waffen ausgibt,
kann man nicht genügend Hilfsmittel bereitstellen zur Bekämpfung
all des Elends in der heutigen Welt. Anstatt die Spannungen zwischen den Völkern wirklich und gründlich zu lösen, überträgt man
sie noch auf andere Erdteile. Neue Wege, von einer inneren Wand-
lung aus beginnend, müssen gewählt werden, um dieses Ärgernis
zu beseitigen, die Welt von der drückenden Angst zu befreien und
ihr den wahren Frieden zu schenken. Darum muss noch einmal er-
klärt werden: Der Rüstungswettlauf ist eine der schrecklichsten
Wunden der Menschheit, er schädigt unerträglich die Armen. Wenn
hier nicht Hilfe geschaffen wird, ist zu befürchten, dass er eines
Tages all das tödliche Unheil bringt, wozu er schon jetzt die Mittel
bereitstellt." (GS Nr. 81)

Seitdem wurden diese Mahnungen immer wieder kontextbezogen
aktualisiert. Am 28. März 2025 veröffentlichten die Bischöfe aus
den Ländern der Europäischen Union eine Erklärung, in der sie –
in Übereinstimmung mit Positionen, die von vatikanischer Seite
gerade in jüngster Zeit immer wieder betont werden (z. B. Leo
XIV. 2025) – geltend machten:

„Any necessary, proportionate and adequate investments towards
European defence must therefore not come at the expense of efforts
aimed at promoting human dignity, justice, integral human develop-
ment and the care of Creation. Effective control mechanisms and a
steadfast commitment to diplomacy are essential for preventing a
dangerous arms race that would not serve the cause of peace, but
only commercial interests. In response to current shifts in the global economy and in the geopolitical landscape, we acknowledge
the EU's efforts to enhance its competitiveness and its capacity for
autonomous action. Nevertheless, we urge that these efforts do not
undermine the EU's historical commitment to solidarity, especially
with the most vulnerable regions of the world as well as with those
suffering from poverty or those seeking refuge. Nor should such in-
itiatives compromise the EU's credibility as a global leader in promoting human rights, social justice and environmental sustainabi-
lity. Amid growing international polarisation, we emphasise the

importance of preserving longstanding partnerships and alliances, while seeking to open up new processes of dialogue and co-operation." (ComECE 2025)

Der Leiter des Entwicklungsprogramms der Vereinten Nationen, Achim Steiner (2025), bestätigte unlängst, dass die Aufrüstung in vielen Ländern „eindeutig zu Lasten der internationalen Entwicklungshilfe" gehe und es dringlich sei, hier gegenzusteuern.

4 Nahziel: Kriseninstabilität zu verhindern suchen

Auf den ersten Blick wesentlich begrenzter in der Reichweite, aber nicht weniger zentral erscheint der Ansatz, sich zunächst auf zusätzliche Risiken für die (ohnedies begrenzte) Stabilität des Systems der Kriegsverhütung zu konzentrieren, die mit neuen Rüstungsdynamiken verbunden sein können, und diese so gering wie möglich zu halten. So bestehen begründete Besorgnisse, wie weit sich das Streben nach Stabilität mit der militärpolitischen Logik konventioneller Rüstungsprojekte und -programme vereinbaren lässt, die auf eine Erweiterung von Einsatzoptionen im Fall eines militärischen Konflikts und in diesem Sinn auf eine Stärkung der Verteidigungsfähigkeit gerichtet sind, aber zugleich Präemptionsanreize entstehen lassen (vgl. Richter 2024; Bell und Hoffmann 2025).

Für die Fortentwicklung nuklearer Potenziale gelten vergleichbare Bedenken, zumal wenn es nicht möglich ist, beide Kategorien militärischer Mittel trennscharf voneinander abzugrenzen und dies auch für die jeweilige Gegenseite transparent und überprüfbar darzustellen. Die Gefahr ist daher als real einzuschätzen, dass sich daraus zumindest eine erneute Intensivierung von Rüstungskonkurrenzen entwickelt, die einseitig nur schwer oder gar nicht unterbrochen werden könnte. Im Fall einer militärischen Auseinandersetzung kann sich die daraus resultierende Konstellation der einander gegenüberstehenden Streitkräftedispositive zusätzlich eskalierend auswirken (vgl. Weaver 2024).

5 Die Bedeutung praktischer Übereinkünfte in zentralen Fragen des politischen Friedenssicherungssystems

Die Stabilität der Kriegsverhütung in einem über die militär-politische Ebene hinausreichenden Sinn beruht deswegen entscheidend darauf, wie weit es gelingt, sich erstens darüber zu verständigen, worin die legitimen Sicherheitsinteressen aller Beteiligten liegen, und zweitens zu vermeiden, dass diese Überlegung im schlechtesten Fall auf ein Nullsummenspiel hinausläuft, in dem die Sicherheit einer Seite nur um den Preis der Ungesichertheit der anderen in einem Maße zu erreichen wäre, das letzterer unannehmbar erschiene. Bereits zur Zeit des Kalten Krieges, zumal nach der Kuba-Krise 1962 (vgl. Radchenko und Zubok 2023), war den maßgeblichen politischen Akteuren zunehmend bewusst geworden, wie zentral der Stellenwert war, der der Berücksichtigung dieses Kriteriums bei der Schaffung beziehungsweise Aufrechterhaltung der Rahmenbedingungen für einen dauerhaften Friedenszustand zwischen Ost und West zukam. Von vielen Autorinnen und Autoren wurde seitdem und wird auch gegenwärtig unter Verweis auf das „Sicherheitsdilemma" die fortdauernde Aktualität dieser weltordnungspolitischen Grundüberlegung hervorgehoben (vgl. Posen 2025; Glaser 2024). Unverändert bleibt gültig, was Gerhard Wettig bereits 1981 konstatierte:

> „Wenn es auf breiter Front zu sicherheitspolitischen Übereinkünften zwischen Ost und West kommen soll, dann müssen
>
> - die Wahrnehmungen und Vorstellungen der jeweils anderen Seite klar geworden sein,
> - gemeinsame Definitionen für die bestehenden Konfliktprobleme erarbeitet werden und
> - auf dieser Grundlage eine Suche nach Möglichkeiten des Einvernehmens das Ziel der wechselseitigen Strebungen bilden." (Wettig 1981, S. 117)

Einen gerechten und dauerhaften Frieden anzustreben, impliziert zudem, nach der Tauglichkeit der Strukturen und Institutionen zu fragen, die ihn sichern sollen, und notwendige Reformprozesse einzuleiten. So bedürfte es für den europäischen Kontext einer

Organisationsform im Sinne einer erneuerten KSZE, die von deren tragenden Prinzipien her konzipiert werden müsste. Sie wurden in der Schlussakte von Helsinki 1975 kodifiziert, die sich retrospektiv als ein Grundstein für die spätere Überwindung der Ost-West-Konfrontation erwies: keine Verschiebung von Grenzen durch die Anwendung von Gewalt, Respekt vor den grundlegenden Menschenrechten mit entsprechenden Garantien, Kooperation aus dem Geist wechselseitigen Respekts und der Bereitschaft zur gemeinsamen Lösung von länderübergreifenden Problemen. Wenngleich dieser Ansatz weniger weitreichend erscheint als es der Versuch beanspruchen würde, zwischen zumindest latent antagonistischen Mächten Vertrauen entstehen zu lassen, so sucht er doch, eine der wichtigsten Voraussetzungen auch für dieses weiter gesteckte Ziel zu schaffen: die Stärkung von Erwartungsverlässlichkeit hinsichtlich der Berechenbarkeit des Verhaltens der Staaten, die in einem solchen institutionellen Rahmen interagieren (vgl. International Crisis Group 2025).

Bereits kurz nach dem Ende des Kalten Krieges wurde jedoch deutlich, dass die ungelöste Frage, wie hinreichende Sicherheit für alle Staaten im „gemeinsamen Haus Europa" (Michail Gorbatschow) organisiert werden könnte, die Beziehungen zwischen ihnen zunehmend belastete. Es gelang nicht, die Sicherheitsbedürfnisse der mittel- und osteuropäischen Staaten, die ausschlaggebend für den Prozess der NATO-Osterweiterung waren, mit der Sorge Russlands vor einer für die eigene Sicherheit prekären Veränderung der militärischen Kräfteverhältnisse in einen Ausgleich zu bringen.

Umso dringlicher sind Überlegungen, wie sich friedens- und sicherheitspolitische Strukturen für Europa und für die Welt realisieren lassen, in denen nicht nur eine „regelbasierte Ordnung" (wieder)ersteht, sondern die darin geltenden Regeln zugleich moralisch annehmbar sind. In Anbetracht der unterschiedlichen Interpretationen, die sich mit diesem Begriff verbinden (vgl. Lieberherr 2023), ist die Forderung, „Frieden durch Recht" zu schaffen, nur dann nicht unterkomplex, wenn dabei von einem auch *ethisch* qualifizierten Rechtsbegriff ausgegangen wird, also einem solchen, der nicht positivistisch eng geführt wird. Welche Bedeutung einer „Sicherheitsarchitektur" zukommt, in der den nachvollziehbaren Besorgnissen und legitimen Interessen aller Beteiligten Rechnung getragen wird, hatte auch Gorbatschow bis kurz vor seinem Tod immer wieder betont (vgl. Gorbatschow 2015).

Mangelndes oder gänzlich fehlendes Vertrauen stellt jedoch eine wesentliche Ursache dafür dar, dass sich gerade lang andauernde Konflikte so schwer befrieden lassen. Die Einstellungsmuster der einander befehdenden Parteien werden oft erst verständlich, wenn man sie vor dem Hintergrund einer teils Jahrhunderte langen wechselvollen Geschichte zur Kenntnis nimmt. Sie brachte oftmals negative Erfahrungen nicht nur mit Nachbarstaaten oder benachbarten ethnischen und/oder religiösen Gruppierungen, sondern auch mit intervenierenden Mächten von außerhalb der Region mit sich.

Kritisch zu prüfen sind die in diesem Kontext häufig begegnenden selektiven Narrative. Denn ungeachtet ihres mangelnden Wahrheitswertes erzeugen sie insofern neue soziale Realität, als Menschen, die sie sich ungeprüft zu eigen machen, aus den damit verbundenen Überzeugungsgewissheiten heraus handeln und erneut zu Gewalthandlungen mit ihren irreversiblen Folgen tendieren. Was oft als „Kreislauf der Gewalt" beschrieben wird, ist daher bei näherem Hinsehen kein unausweichlicher, nahezu schicksalhafter Geschehensablauf. Vielmehr handelt es sich um einen Ereigniszusammenhang, der sich unterbrechen und dessen Richtung sich korrigieren lässt, indem man die Perzeptionen und Einstellungsmuster der Konfliktbeteiligten selbst zu verändern sucht.

Keinesfalls darf man sich dagegen an einen Zustand gewöhnen, der mit hoher internationaler Spannung und ständiger Kriegsgefahr einhergeht und in dem auch unvorhergesehene beziehungsweise unvorhersehbare Entwicklungen – in Krisenzeiten vor allem durch den drohenden Verlust der Kontrolle über das komplexe Geschehen auf politischer und/oder militärischer Ebene – zu einer raschen Eskalation führen können. Auch über diese Problematik war man sich spätestens seit der zweiten Hälfte der 1970er-Jahre im Klaren (vgl. Wettig 1981). Das Denken im Modus des Krieges und seiner Eigenlogiken kann nur allzu leicht dazu führen, dass dieser Krieg schließlich stattfindet, selbst wenn ein solches Resultat nicht angestrebt, vielmehr versucht wird, das Eintreten dieses Falls zu verhindern. Eindringlich warnte der ehemalige US-Generalstabschef Mark Milley (2023) vor den hier lauernden Gefahren:

> „The World War II generation, the last group of people that fought a true great-power war, they're passing very quickly. I went to Normandy a few years ago, when I was Chief of Staff of the Army, and I saw this guy who was a paratrooper from the 82nd Airborne Division. He's in a wheelchair, he's an older guy. And I leaned over to him and talked to him, and I said, so, tell me, Sergeant, what was your lesson that you want to tell the Chief of Staff of the Army, what's your lesson from World War II? And I thought he was going to tell me something about tactics or, you know, three second rushes, or how to shoot a weapon or whatever. And his eyes filled with tears, and he looked at me and he said, General, never let it happen again. Never let it happen again. […] So that memory's gone from our day-to-day existence. There's no one in uniform in any military in the world who experienced a great-power war. There are no politicians currently in office that I'm aware of that have firsthand experience. And it's worthwhile to remember how horrific it is, and that all of us should recommit ourselves to preventing such a horrific catastrophe, and try to resolve differences in means other than the use of the levels of violence that come with great-power war."

6 Rüstungskontrolle und -reduzierung statt zunehmender Proliferationsrisiken

In diesem Kontext kommt Bemühungen um eine Wiederbelebung der in vielen Bereichen erodierten Rüstungskontrolle besondere Bedeutung zu. Sie muss nicht nur auf eine Stabilisierung der prekären rüstungspolitischen Konstellation und auf eine Dämpfung der mit ihr verbundenen Dynamiken gerichtet sein, sondern darüber hinaus darauf, den Stellenwert großer militärischer Potenziale im Rahmen einer verlässlichen – zumindest regionalen, möglichst auch globalen – Sicherheitsarchitektur sukzessive zu verringern (vgl. Williams et al. 2025; Gottemoeller 2025; Charap und Curriden 2024; Zellner 2025). Zudem ließe sich wohl nur so verhindern, dass es zu einer umfassenden weltweiten Proliferation moderner Kriegswaffen kommt, die erweiterte Möglichkeiten bereitstellte, Konflikte gewaltsam auszutragen. In Bezug auf konventionelle Waffen wird schon heute darauf hingewiesen, dass es zur Finanzierung von Beschaffungsvorhaben mit großen Stückzahlen erforderlich werden könne, auch Rüstungsexporte in Staaten zu erleichtern, die der EU beziehungsweise der NATO nicht angehören (vgl. Schöllhorn 2025).

Dringliche rüstungskontrollpolitische Fragen stellen sich aber ebenso vor dem Hintergrund der Tatsache, dass viele Staaten einer möglichst eigenständigen Sicherheitsvorsorge auch im nuklearen Bereich eine steigende Bedeutung zumessen – zwar auf der Basis nachvollziehbarer Kalküle, deren Gefahren sich jedoch erst bei einer systemischen Betrachtung der jeweiligen regionalen und der globalen Sicherheitslage in vollem Umfang zeigen (vgl. Craig 2025; Schneider 2024). Das Ende einer im Kern duopolistischen Situation, wie sie zwischen den USA und der UdSSR beziehungsweise Russland noch lange Zeit nach dem Ende des Kalten Krieges bestand, ist absehbar. Vor allem aber ist angesichts des beobachtbaren Aufwuchses der chinesischen Nuklearkapazitäten die Bestimmung einer konsensfähigen Formel, wie sich eine „Balance" zwischen den weltweit verfügbaren Nuklearwaffenpotenzialen im Interesse einer stabilen Kriegsverhinderung herstellen ließe, noch schwieriger geworden (vgl. Bell und Hoffmann 2025; Narang und Vaddi 2025). Auch für den europäischen Teil der NATO stellt sich die Frage, welche Konsequenzen sich aus dem Bestreben ergeben, von der durch diese Entwicklung in ihrer Glaubwürdigkeit beeinträchtigten amerikanischen Nukleargarantie im Rahmen der erweiterten Abschreckung (*extended deterrence*) unabhängiger zu werden. Dies betrifft besonders den Umgang mit den Nuklearpotenzialen Frankreichs und Großbritanniens und deren künftige Aufgabenbestimmung im Hinblick auf bündnisgemeinsame Zielsetzungen (vgl. Gaub und Mair 2025; Horovitz 2025). So ist zu konstatieren:

> „Nukleare Aufrüstung hat Auswirkungen weltweit. Käme es in Europa oder Asien, wo auch andere US-Verbündete wie Südkorea und Japan Zweifel an den US-Sicherheitsgarantien hegen, tatsächlich zu Fällen von Proliferation, wäre dies ein schwerer Schlag für das System der Nichtverbreitung. Mehr Atomwaffen machen die Welt nicht sicherer – sie wird durch das Risiko ihres absichtlichen oder unabsichtlichen Einsatzes aber gefährlicher." (Schepers 2025, S. 4)

7 Bleibende Aufgabe: Gewaltprävention vorrangig mit nichtmilitärischen Mitteln

In den vergangenen Jahren galt ein verstärktes Augenmerk den vielfältigen Aufgaben im Bereich der zivilen Krisenprävention. Eine offene Frage lautet, wie es um deren Zukunft bestellt sein wird. Die Aufmerksamkeit der öffentlichen Debatten hat sich auf Themen verlagert, die auf den ersten Blick von unmittelbarerer Relevanz zu sein scheinen. Doch lautete eine der wichtigsten Lehren aus den Krisen und Konflikten nach 1990, dass der Krisenvorsorge sowie der gewaltpräventiv orientierten Nachsorge von Konflikten und der Friedenskonsolidierung eine entscheidende Rolle dabei zukommt, nicht immer wieder neu in Situationen zu geraten, in denen es anscheinend keine Alternative zum Rückgriff auf gewaltförmiges Reagieren beziehungsweise Intervenieren gibt. Dieser friedenspolitisch entscheidende Neuansatz im Denken, von dem auch das Konzept des gerechten Friedens getragen ist, das von den beiden großen christlichen Kirchen in ökumenischer Übereinstimmung vertreten wird (vgl. Die deutschen Bischöfe 2000; EKD 2007), darf daher nicht „unter die Räder" der aktuellen militärpolitischen Entwicklungen geraten.

Hinzu kommt, dass neu aufwachsende Rüstungspotenziale, die vornehmlich der Verhinderung eines Krieges in Europa in den kommenden Jahren dienen sollen, bei einer Veränderung der innenpolitischen Situation in einzelnen europäischen Mitgliedsländern der NATO in die Hände von Regierungen geraten könnten, die mit ihrer Hilfe eine rein nationale Interessenpolitik ohne Rücksicht auf das friedenspolitische Gesamtinteresse Europas zu betreiben versuchen:

> „Nationalism can be contagious, and charismatic leaders can take it in unpredictable directions. It is already ascendant […] A more broadly powerful Germany might provoke the rise of nationalism in nearby countries beyond Russia, and greater nationalism in Germany's vicinity could, in turn, fuel nationalism within Germany itself." (Kimmage und David-Wilp 2025)

Eine solche Entwicklung würde bedeuten, dass sich verstärkte Rüstungsanstrengungen als kontraproduktiv im Hinblick auf das

„Friedensprojekt Europa" erwiesen, selbst wenn es gelänge, ihr Primärziel zu erreichen, nämlich kurz- und mittelfristig den Ausbruch weiterer Gewalt zu verhindern. Denn eine Renationalisierung des Denkens und der ihm korrespondierenden politischen Konzeptionen innerhalb von Mitgliedern der europäischen Staatenwelt würde einem Bruch mit den Prinzipien gleichkommen, von denen her die Europäische Union, der Europarat, die KSZE/OSZE und viele Einzelinstitutionen innerhalb dieses internationalen Organisationsgeflechts entworfen wurden, ja auf denen die Begründung dafür beruht, dass diese Institutionen überhaupt ins Leben gerufen wurden. An ihre Stelle träten Prozesse, von denen zu befürchten wäre, sie seien „conducive to fear and suspicion" (Kimmage und David-Wilp 2025). So würden – unintendiert, doch vor dem Hintergrund der Vorgeschichte insbesondere des Ersten Weltkrieges nicht unvorhersehbar – erneut Ursachen dafür geschaffen, dass es zu einer (weiteren) Erosion der Stabilität innerhalb Europas und ihres pazifizierenden Potenzials kommen könnte.

8   Ausblick

Angesichts der Zielkonflikte und Aporien einer Konzeption, die auf Kriegsverhütung mit Mitteln militärischer Abschreckung gerichtet ist, erscheint unverändert aktuell, was bereits in der Heidelberger These III (1959) sowie in Nr. 81 der Pastoralkonstitution des Zweiten Vatikanums (1965) formuliert und in den Ökumenischen Versammlungen (1988–1990) bekräftigt wurde: Um sich nicht immer wieder neu in der Logik kriegerischer Gewaltanwendung zu verstricken, kommt es darauf an, die Institution des Krieges selbst zu überwinden. Doch scheint dieses Ziel der heutigen politischen Lage und der aus ihr resultierenden Handlungssituation entrückter denn je. Nicht wenige sind versucht, resignativ darauf zu reagieren und die Realität von Krieg und anderen Formen organisierter Gewalt für eine anthropologische Konstante zu halten, die man zwar zutiefst zu bedauern, an der man aber nichts Wesentliches zu verändern vermag.

Demgegenüber muss friedensethische Argumentation heute vor allem herausarbeiten, wo dennoch Handlungsspielräume bestehen, die „Wege in der Gefahr" (Weizsäcker 1976) eröffnen, und wie sich diese verantwortlich nutzen und friedensförderliche (Teil-)Prozesse gestalten lassen. In dieser Hinsicht unterscheidet sich die gegenwärtige Situation im Grundsatz weniger von der Periode des Kalten Krieges als es wünschenswert wäre. Aber das damals wirksame Bemühen um eine ebenso politisch und historisch informierte wie ethisch reflektierte Analyse und um eine umsichtige Abmilderung der bestehenden Gefahren trug letztlich dazu bei, der Welt bislang die Katastrophe eines vernichtenden dritten globalen Krieges zu ersparen. Nicht weniger als dies bleibt auch heute von allen verlangt, die die Chance, aber zugleich die Verpflichtung haben, an politischen Entscheidungsprozessen großer Tragweite mitzuwirken.

Literatur

Baadte, Günter (Hrsg.). 1984. *Frieden stiften: Die Christen zur Abrüstung. Eine Dokumentation*. München: C. H. Beck.

Bell, Mark S. und Fabian R. Hoffmann. 2025. Europe's Nuclear Trilemma. The Difficult and Dangerous Options for Post-American Deterrence. https://www.foreignaffairs.com/system/files/pdf/2025/europe%u2019s-nuclear-trilemma-2025-03-31-15-38.pdf. Zugegriffen: 31. März 2025.

Charap, Samuel und Christian Curriden. 2024. *U.S. Options for Post-New START Arms Control with Russia*. Sta. Monica, Cal.: RAND Corporation.

Commission of the Bishops' Conferences of the European Union. 2025. Declaration "Looking to Europe with Hope" vom 28. März 2025. https://www.comece.eu/wp-content/uploads/sites/2/2025/03/statement-28032025-Looking-to-Europe-with-hope-by-Spring-Assembly-EN.pdf. Zugegriffen: 28. März 2025. (= ComECE 2025).

Craig, Campbell. 2025. The normative problem of nuclear war in the thought of Kenneth Waltz and John Mearsheimer. https://doi.org/10.1177/00471178251334947. Zugegriffen: 24. April 2025.

Die deutschen Bischöfe. 2000. *Gerechter Friede*. Bonn: Sekretariat der Deutschen Bischofskonferenz.

Evangelische Kirche in Deutschland (EKD). 2007. *Aus Gottes Frieden leben – für gerechten Frieden sorgen. Eine Denkschrift des Rates der EKD*. Gütersloh: Gütersloher Verlagshaus.

Gaub, Florence und Stefan Mair. 2025. Europe's Bad Nuclear Options. And Why They May Be the Only Path to Security. *Foreign Affairs* 104 (4): 140–150.

Glaser, Charles L. 2024. Fear Factor. How to Know When You're in a Security Dilemma. *Foreign Affairs* 103 (4): 122–128.

Gorbatschow, Michail S. 2015. „Alles kann uns um die Ohren fliegen". *Der Spiegel* vom 10. Januar 2015, Nr. 3: 96–101.

Gottemoeller, Rose. 2025. Arms Control Is Not Dead Yet. America Should Pursue Parallel Nuclear Negotiations With China and Russia. https://www.foreignaffairs.com/print-article/node/1132965. Zugegriffen: 16. April 2025.

Hoppe, Thomas. 1989. Bischöfliche Schreiben zum Frieden. Eine Analyse der Dokumente aus der Deutschen Demokratischen Republik, der Bundesrepublik Deutschland, Frankreich und den USA. In *Grundlagen und Probleme der heutigen Moraltheologie*, hrsg. von Wilhelm Ernst, 354–382. Leipzig: Benno.

Hoppe, Thomas. 2019. Nukleare Abschreckung in der Kritik politischer Ethik. In *Nukleare Abschreckung in friedensethischer Perspektive*, hrsg. von Ines-Jacqueline Werkner und Thomas Hoppe, 159–178. Wiesbaden: Springer VS.

Horovitz, Liviu. 2025. *Die erweiterte nukleare Abschreckung der USA in Europa – drei Szenarien.* Berlin: Stiftung Wissenschaft und Politik.

Howe, Günter (Hrsg.). 1959. *Atomzeitalter, Krieg und Frieden.* Witten: Eckart.

International Crisis Group. 2025. *Ukraine and Beyond: Shaping Europe's Security Future.* Brussels: ICG.

Kimmage, Michael und Sudha David-Wilp. 2025. The Zeitenwende Is Real This Time. Germany's Defense Upgrade Is Necessary but Could Upset Europe's Balance of Power. https://www.foreignaffairs.com/print-article/node/1132960. Zugegriffen: 9. Mai 2025.

Kissinger, Henry A. 1957. *Nuclear Weapons and Foreign Policy.* New York: Harper & Bros.

Kristensen, Hans, Matt Korda, Eliana Johns und Allie Maloney. 2025. How Nuclear War Could Start. To understand how it could all go wrong, look at how it almost did. https://www.washingtonpost.com/opinions/interactive/2025/nuclear-weapons-war-russia-china-accident/?itid=sr_0_eeaf503f-428b-4bf5-b923-a35229b9a7a0. Zugegriffen: 18. Juni 2025.

Leo XIV. 2025. Address of Pope Leo XIV to Participants in the Plenary Session of the „Reunion of Aid Agencies for the Oriental Churches". https://www.vatican.va/content/leo-xiv/en/speeches/2025/june/documents/20250626-roaco.html. Zugegriffen: 27. Juni 2025.

Lieberherr, Boas. 2023. Die „regelbasierte Ordnung": Divergierende Auffassungen. *CSS-Analysen zur Sicherheitspolitik* Nr. 317 (Februar).

Milley, Mark. 2023. How to Avoid a Great-Power War. A Conversation With General Mark Milley (Transcript). https://www.foreignaffairs.com/print/node/1130308. Zugegriffen: 2. Mai 2023.

Narang, Vipin und Pranay Vaddi. 2025. How to Survive the New Nuclear Age. National Security in a World of Proliferating Risks and Eroding Constraints. *Foreign Affairs* 104 (4): 122–139.

Pelopidas, Benoît und Kjølv Egeland. 2024. The false promise of nuclear risk reduction. *International Affairs* 100 (1): 345–360.

Posen, Barry. 2025. Putin's Preventive War. The 2022 Invasion of Ukraine. *International Security* 49 (3): 7–49.

Radchenko, Sergey und Vladislav Zubok. 2023. Blundering on the Brink. The Secret History and Unlearned Lessons of the Cuban Missile Crisis. https://www.foreignaffairs.com/print/node/1130113. Zugegriffen: 3. April 2023.

Richter, Wolfgang. 2024. *Stationierung von U.S. Mittelstreckenraketen in Deutschland. Konzeptioneller Hintergrund und Folgen für die europäische Sicherheit.* Berlin: Friedrich-Ebert-Stiftung.

Schepers, Névine. 2024. Steigende nukleare Gefährdung und Risikominderung. *CSS Analysen zur Sicherheitspolitik* Nr. 339 (April).

Schepers, Névine. 2025. Nukleare Abschreckung in Europa: Aktuelle Debatten. *CSS Analysen zur Sicherheitspolitik* Nr. 356 (März).

Schneider, Jonas. 2024. *Deutschland und die Zukunft der nuklearen Rüstungskontrolle.* Berlin: Stiftung Wissenschaft und Politik.

Schöllhorn, Michael. 2025. „Hier können wir von der Ukraine lernen". Interview in der Wochenzeitung „Die Zeit". https://www.zeit.de/2025/19/michael-schoellhorn-airbus-aufruestung-europa-ruestung/komplettansicht. Zugegriffen: 27. Juni 2025.

Sekretariat der Deutschen Bischofskonferenz (Hrsg.). 1983. *Bischöfe zum Frieden.* Bonn: Sekretariat der DBK.

Steiner, Achim. 2025. Weltweite Aufrüstung geht zu Lasten der Entwicklungshilfe. Interview mit Friedbert Meurer im „Deutschlandfunk" am 27. März. https://www.deutschlandfunk.de/aufruestung-zu-lasten-der-entwicklungshilfe-interview-mit_dlf_250327_0719_a94f2ee7.mp3. Zugegriffen: 27. März 2025.

Stokes, Jacob, Colin H. Kahl, Andrea Kendall-Taylor und Nicholas Lokker. 2025. *Averting AI Armageddon. U.S.-China-Russia Rivalry at the Nexus of Nuclear Weapons and Artificial Intelligence.* Washington. D.C: Center for a New American Security.

Weaver, Gregory. 2024. If Deterrence Fails: Analyzing U.S. Options for Responding to Adversary Limited Nuclear Use. In *Project Atom 2024. Intra-War Deterrence in a Two-Peer Environment*, hrsg. vom Center for Strategic and International Studies, 68–79. Washington, D.C.: Center for Strategic and International Studies.

Wettig, Gerhard. 1981. *Die sowjetischen Sicherheitsvorstellungen und die Möglichkeiten eines Ost-West-Einvernehmens.* Baden-Baden: Nomos.

Weizsäcker, Carl Friedrich von. 1976. *Wege in der Gefahr. Eine Studie über Wirtschaft, Gesellschaft und Kriegsverhütung*. München: Hanser.

Williams, Heather, Nicholas Smith Adamopoulos, Lachlan MacKenzie und Catherine Murphy. 2025. Game On: Opportunities for Euro-Atlantic Strategic Stability and Arms Control. https://www.csis.org/analysis/game-opportunities-euro-atlantic-strategic-stability-and-arms-control. Zugegriffen: 16. April 2025.

Zellner, Wolfgang. 2025. *Conventional arms control during wartime, in ceasefire and post-conflict situations*. Berlin: Friedrich-Ebert-Stiftung.

Zweites Vatikanisches Konzil. 1965. Pastoralkonstitution *Gaudium et spes*. Rom: Vatikan (= GS).

MIX
Papier aus verantwortungsvollen Quellen
Paper from responsible sources
FSC® C105338

If you have any concerns about our products,
you can contact us on
ProductSafety@springernature.com

In case Publisher is established outside the EU,
the EU authorized representative is:
Springer Nature Customer Service Center GmbH
Europaplatz 3, 69115 Heidelberg, Germany

Printed by Libri Plureos GmbH
in Hamburg, Germany